Torte salate

focacce, quiches & sformati

GIUNTI DEMETRA

Progetto grafico e realizzazione editoriale
a cura di EDIMEDIA SAS, Firenze, via Orcagna 66

Referenze fotografiche: tutte le fotografie appartengono all'Archivio Giunti e ad Archivio Giunti/Arc-en-ciel (Verona), a eccezione di quelle alle pagg. 6, 17, 23, 35, 48, 71, 79, 83, 86, 89, 99, 105, 109, 115, 121 di Archivio Giunti/G. Valsecchi, Firenze.

Testi e immagini di questo volume sono parzialmente tratti da: *Pizze, focacce e torte salate* di Walter Pedrotti e da *Ricettario italiano* di Paola Scolari.

www.giunti.it

Via Bolognese 165 - 50139 Firenze - Italia
Via Dante 4 - 20121 Milano - Italia

Ristampa	Anno
7 6 5 4 3	2009 2008 2007 2006

Stampato presso Giunti Industrie Grafiche S.p.A. - Stabilimento di Prato

Sommario

IMPASTI & FARCE

Per la preparazione delle torte salate non è sempre necessario far ricorso agli impasti già pronti. Con pochi ed essenziali ingredienti, e con un impegno alla portata di tutti, si possono preparare in casa gli impasti con i quali dar corpo a irresistibili torte salate o sfiziose focacce. Potrete anche rielaborare a vostro piacimento le preparazioni, arricchendole di ingredienti e sapori sempre diversi.

Besciamella

20 min.

Ingredienti

50 g di burro, 50 g di farina, 1/2 l di latte, noce moscata, sale, pepe.

In una casseruola fate sciogliere il burro su fiamma bassa e, aiutandovi con un cucchiaio di legno, amalgamatevi bene la farina. Poi diluite il tutto con il latte che avrete precedentemente scaldato, senza però fargli raggiungere il bollore. Il latte va aggiunto poco alla volta, senza stancarsi mai di mescolare, soltanto così eviterete la formazione di grumi.

Continuate a mescolare finché non sentirete che la salsa si sta addensando e, non appena inizieranno a formarsi le prime bollicine del bollore, contate 10 minuti di cottura.

Non smettete di mescolare e poco prima di spegnere unite sale, pepe e un pizzico di noce moscata. Qualora la salsa vi servisse più densa potrete aumentare le dosi di burro e farina (che però devono sempre essere in uguale quantità) e tenere invariata quella del latte, oppure potrete fare raddensare di più la salsa sul fuoco.

Desiderando una salsa besciamella leggera potrete sostituire il latte con del brodo vegetale o del fumetto di pesce (se poi dovete utilizzarla su pietanze a base di pesce), e il burro con olio extravergine d'oliva.

Impasto per focacce

15 min. + 2 ore di lievitazione

30 min. circa

Ingredienti

300 g di farina, 15 g di lievito di birra fresco, 1 cucchiaio d'olio extravergine d'oliva, sale.

Stemperate anzitutto il lievito in un po' d'acqua tiepida, quindi unitelo alla farina disposta a fontana su una spianatoia, assieme all'olio e al sale. Impastate aggiungendo altra acqua tiepida fino a ottenere un impasto morbido ed elastico, che metterete raccolto a palla, in un luogo caldo per un paio d'ore, coperto da un canovaccio umido.
Quando avrà raddoppiato il suo volume, prendete due terzi della pasta, lavoratela nuovamente, ricavatene una sfoglia aiutandovi con un matterello infarinato e con questa ricoprite una teglia leggermente unta. Quindi adagiatevi il ripieno prescelto e ricoprite con la restante pasta, tirata in sfoglia sottile. Bucate leggermente la superficie con una forchetta e ungete con poco olio. Unite, pizzicottando, le due sfoglie e infornate per circa mezzora in forno caldo a 200 °C.
Alcune focacce vengono preparate amalgamando aromi o altri ingredienti direttamente nell'impasto, che dovrà poi essere trasferito in una teglia unta d'olio prima di essere infornato.

Pasta da pane

10 min. + 2 ore di lievitazione

1 ora circa

Ingredienti

400 g di farina, 25 g di lievito di birra, 1 cucchiaino di miele, latte q.b., 1 cucchiaio d'olio extravergine d'oliva (facoltativo), 1 cucchiaino di sale.

Fate sciogliere il lievito in un quarto di bicchiere d'acqua tiepida (o di latte) insieme con il miele; stemperate anche il sale, poi unite entrambi alla farina, impastando con tanta acqua (o latte) quanto basta a ottenere un impasto soffice che si stacchi facilmente dalle dita. Volendo, condite l'impasto con un cucchiaio d'olio.

Date forma al pane e disponetelo in una teglia leggermente unta; praticate sulla superficie tre tagli incrociati e lasciate lievitare in luogo tiepido per circa 2 ore. Fate cuocere per circa un'ora in forno già caldo a 200 °C.

Con 400 g di farina si ricavano circa 700 g di pasta da pane.

Pasta da pizza

15 min. + 2 ore di lievitazione

30 min. circa

Ingredienti

400 g di farina, 25 g di lievito di birra fresco, 50 g d'olio extravergine d'oliva, sale.

Disponete la farina a fontana sopra una spianatoia, sbriciolatevi nel centro il lievito, scioglietelo con un cucchiaio d'acqua tiepida, aggiungetevi il sale, l'olio e tanta acqua quanta serve per ottenere un impasto facile da lavorare, liscio e abbastanza morbido. Lavorate energicamente la pasta, finché non sia diventata elastica, quindi formate con l'impasto una palla, infarinatela, copritela con un canovaccio umido e lasciatela lievitare in un luogo caldo e al riparo da correnti d'aria, per circa 2 ore.
Infarinate nuovamente la spianatoia e stendete la pasta con il matterello; disponete quindi la sfoglia nella teglia unta d'olio, stendetevi sopra il sugo di pomodoro e lasciatelo riposare al caldo ancora per 20 minuti, dopo aver leggermente bucherellato la superficie con una forchetta.
Trascorso questo tempo, infornate la teglia nel forno già caldo per una ventina di minuti circa, mantenendo una temperatura intorno ai 200-250 °C; poi sfornatela, aggiungete gli altri ingredienti e rimettete in forno ancora per circa 10 minuti prima di portare in tavola.

Pasta frolla salata

15 min. + 1 ora di riposo
30 min. circa

Ingredienti

200 g di farina, 100 g di burro, 1 uovo, sale.

Disponete la farina a fontana su una spianatoia e versate nel mezzo il burro a pezzetti, un pizzico di sale e il tuorlo dell'uovo. Impastate bene con la punta delle dita, aiutandovi con mezzo bicchiere d'acqua tiepida, e infine fatene una palla e mettetela a riposare per circa un'ora in un luogo fresco o, addirittura, in frigorifero, coperta da un canovaccio.
Quindi tiratela non troppo sottile e disponetela in una tortiera unta d'olio o di burro. A questo punto potete coprirla con un foglio di carta oleata cosparso di fagioli secchi – in modo da ottenere una superficie liscia e regolare – e metterla in forno a fuoco moderato per 10-15 minuti.
Eliminate i fagioli e la carta e distribuite il ripieno previsto, rimettendo in forno per altri 15 minuti. Se non vi sembra opportuno passare attraverso l'uso dei fagioli secchi, potete riempire la pasta con la farcitura e passarla a cottura. Invece del burro, nell'impasto può essere usato olio extravergine d'oliva: il risultato non sarà però lo stesso.

Pasta sfoglia

30 min. + 30 min. di riposo

30 min. circa

Ingredienti

200 g di farina, 200 g di burro, 1 uovo, sale.

Per la preparazione della pasta sfoglia dovrete utilizzare attrezzi freddi e acqua gelata. Impastate la farina e un pizzico di sale con una tazza d'acqua gelata fino a ottenere un impasto sodo che farete riposare, coperto da un canovaccio, in un luogo buio e fresco per circa 30 minuti. Con le dita bagnate lavorate il burro fino a ottenere la stessa consistenza della pasta, poi dategli una forma rettangolare.

Stendete la pasta sul piano di lavoro ben infarinato e al centro disponete il burro; ripiegate la pasta sul burro a mo' di pacchetto e premetela leggermente con il matterello in modo che il burro si incorpori, poi lasciate riposare per 5 minuti. Iniziate ora la fase di lavorazione della pasta sfoglia, i famosi "giri" di cui abbisogna per diventare fragrante e friabile. Tenete a disposizione della farina, in modo da mantenere ben infarinati il piano di lavoro e il matterello. Stendete la pasta a rettangolo di un centimetro di spessore, ripiegatela in tre a quadrato e stendetela di nuovo cambiando verso, poi ripiegatela di nuovo in tre e fatela riposare per circa quindici minuti in frigorifero.

Ripetete le stesse operazioni e il periodo di riposo per altre due volte (i "giri" devono essere sei in tutto), dopodiché la pasta sfoglia sarà pronta.

Polenta

40 min. circa

Ingredienti

Polenta asciutta e soda: *300 g di farina di mais, sale.*
Polenta di media consistenza: *250 g di farina di mais, sale.*
Polenta morbida: *200 g di farina di mais, sale.*

Portate a ebollizione 1 l d'acqua, aggiungete il sale e versate la farina a pioggia cercando di non formare grumi: è opportuno mescolare inizialmente con decisione servendosi di una frusta.

Proseguite la cottura per circa 30 minuti, mescolando pressoché continuamente con un mestolo di legno. La polenta sarà cotta quando comincerà a staccarsi, sfrigolando, dai bordi.

Tradizionalmente viene cotta sul fuoco a legna, nell'apposito paiolo di rame – cosa che ai giorni nostri non è, per ovvie ragioni, sempre possibile. La polenta può essere di diversa consistenza; il rapporto tra la quantità d'acqua e la quantità di farina determina il risultato finale.

Nel Veneto la polenta per esempio è piuttosto morbida, mentre nelle valli del Trentino viene preferita più soda. Inoltre, se nella preparazione della polenta viene usata farina di grano saraceno, la quantità d'acqua richiesta sarà leggermente maggiore.

L'ATTREZZATURA E LA COTTURA

La preparazione delle focacce e delle torte salate non richiede l'impiego di particolari attrezzature, e di solito qualunque cucina dispone dei pochi utensili indispensabili. Può essere utile una caraffa graduata per misurare l'acqua, mentre è indispensabile un comodo piano da lavoro: una spianatoia di legno o un piano di marmo. Su di esso si amalgamano gli ingredienti dell'impasto che successivamente si tira, con un matterello, dopo l'eventuale lievitazione. È utile anche una spatolina con la quale pulire il piano da lavoro dalle incrostazioni di farina, che di solito si formano al termine della lavorazione degli impasti. La cottura delle focacce e delle torte salate avviene preferibilmente in teglie rotonde. Per quanto riguarda la preparazione dei condimenti, si richiede ovviamente una normale attrezzatura da cucina: taglieri, coltelli, tegami di vari formati, mestoli.

Per quanto riguarda la cottura dei soufflé, i recipienti più adatti sono di forma rotonda, a pareti alte e lisce, di materiale che possa passare dal forno alla tavola. Importante per la riuscita dei soufflé è il calore del forno, che va preriscaldato a 220° e poi tenuto a temperatura media (circa 160°), e non va mai aperto durante la cottura. Il soufflé è pronto quando è diventato il doppio del suo volume originario.

Avvertenza

Se non altrimenti specificato, le dosi consigliate nelle ricette sono indicate per 6-8 persone, a seconda che il piatto venga presentato come antipasto, contorno o come secondo.

TORTE SALATE

Non c'è proposta che non solletichi l'appetito, anche in chi si ritenga meno incline alle lusinghe gastronomiche. Da qui alla messa in opera il passo è breve, perché le ricette proposte, semplici e stuzzicanti, illustrano ogni fase di preparazione, segnalando grado di difficoltà, tempi di cottura e di realizzazione.

Erbazzone

30 min. + 30 min. di riposo

40 min.

Ingredienti

Per la pasta:
100 g di farina di frumento, 60 g di strutto, sale.
Per il ripieno:
1 kg di spinaci, 300 g di pangrattato,
200 g di parmigiano reggiano,
100 g di pancetta, 1 cipolla piccola, 1 spicchio d'aglio, 4 uova, sale, pepe.

▶ Pulite gli spinaci, lessateli in acqua bollente, poi strizzateli e tritateli finemente. Mentre cuociono, preparate una pasta con la farina, lo strutto, acqua e sale, così da ricavare una palla che lascerete riposare per mezzora in frigorifero.

▶ Tritate la cipolla e l'aglio insieme alla pancetta e preparate un soffritto con questi ingredienti, che vi servirà per fare rosolare gli spinaci. Fuori dal fuoco unitevi il pangrattato, il formaggio grattugiato, le uova, sale e pepe.

▶ Con l'impasto tolto dal frigorifero fate 2 parti, ricavando da ciascuna una sfoglia alta 1 cm. Imburrate il fondo di una tortiera e ricopritelo con una delle sfoglie, poi riempite il recipiente fino quasi ai bordi con l'impasto preparato, coprendo il tutto con la seconda sfoglia.

Dopo aver punzecchiato la superficie con una forchetta, lasciate in forno a 180 °C per 40 minuti. Infine, sfornate e servite caldo, a fette, oppure anche freddo. Tradizionalmente l'erbazzone si accompagna di preferenza con un Lambrusco Grasparossa di Castelvetro.

Sfoglia di erbette selvatiche

30 min. + 30 min. di riposo

30 min. circa

Ingredienti

400 g di pasta sfoglia (per la preparazione v. pag. 13), 300 g di erbette miste (germogli di luppolo, asparagi, tarassaco, ortica ecc.), 200 g di patate novelle, 200 g di piselli, 150 g di carote, olio extravergine d'oliva, 2 uova, peperoncino in polvere, sale.

Pulite e lavate le erbette selvatiche, le patate, i piselli e le carote. Poi lessate le verdure in poca acqua leggermente salata, scolatele; tagliate a pezzettini le patate e le carote, e strizzate le erbette.

Mettete il tutto in una padella con dell'olio e lasciate sul fuoco per una decina di minuti a fiamma piuttosto moderata, mescolando di tanto in tanto con un mestolo di legno; insaporite con un pizzico di peperoncino, poco prima di togliere dal fuoco, poi lasciate raffreddare e aggiungete le uova sbattute, amalgamando bene il composto.

Dividete in due parti la pasta sfoglia, una più grande dell'altra; con la prima, ben tirata con il matterello infarinato, foderate uno stampo rettangolare oliato, quindi disponete all'interno il ripieno e coprite con la seconda parte della pasta.

Fate aderire con cura i margini pizzicandoli e lasciate in forno a 180-200 °C per mezzora circa.

Torta agli spinaci

30 min. + 30 min. di riposo

40 min.

Ingredienti

400 g di pasta sfoglia (per la preparazione v. pag. 13),
1 kg di spinaci,
50 g di parmigiano reggiano,
20 g di uvetta passa,
30 g di pinoli,
olio extravergine d'oliva,
sale.

▶ Cominciate con il preparare la pasta e, mentre la lasciate lievitare, occupatevi degli spinaci. Puliteli e lavateli con cura, poi scolateli e asciugateli servendovi di una centrifuga manuale.

▶ Versate quindi gli spinaci in una padella, aggiungete poco olio e fateli appassire a fuoco moderato, coperti, per 15 minuti circa, mescolandoli di tanto in tanto. Aggiustateli di sale, solo poco prima di toglierli dal fuoco, e poi lasciateli raffreddare. Unitevi quindi l'uvetta precedentemente lavata e lasciata rinvenire in poca acqua tiepida, i pinoli e il parmigiano reggiano grattugiato.

▶ Dividete la pasta sfoglia in 2 parti, tiratele con il matterello infarinato e stendetene una parte sul fondo e sui bordi di una teglia unta d'olio. Sopra mettetevi l'impasto a base di spinaci e coprite poi con l'altro disco di pasta, saldando bene i bordi.

▶ Infine spennellate la superficie con dell'olio e bucherellatela con una forchetta, prima di mettere per circa 40 minuti nel forno preriscaldato a 200-220 °C.

Torta ai carciofi

40 min. + 1 ora di riposo

30 min. circa

Ingredienti

400 g di pasta frolla salata (per la preparazione v. pag. 12), 8 carciofi, il succo di 1/2 limone, alcuni mazzetti di prezzemolo, 1 tazza di besciamella (per la preparazione v. pag. 8), un paio di cucchiai di panna liquida da cucina, parmigiano grattugiato, olio extravergine d'oliva, sale.

▶ Togliete ai carciofi le foglie esterne e le punte, tagliateli a metà, lessateli per 15 minuti circa in acqua salata con un po' di succo di limone, scolateli, tagliateli a spicchietti e fateli dorare a fuoco vivo per 10 minuti con alcuni cucchiai d'olio, unendo solo alla fine della cottura il prezzemolo pulito e tritato.

▶ Quindi lasciateli intiepidire e nel frattempo tirate la pasta a uno spessore di circa 1/2 cm e formate 2 dischi, l'uno più grande dell'altro: con il primo foderate una tortiera oliata e versatevi i carciofi precedentemente amalgamati alla besciamella e alla panna.

▶ Spolverate poi con del formaggio grattugiato, ricoprite con l'altro disco di pasta, premete i bordi con le dita per unirli e infine infornate a circa 200 °C per mezzora circa.

Torta ai formaggi

20 min. + 30 min. di lievitazione

45 min.

Ingredienti

Per l'impasto:
400 g di farina,
25 g di lievito di birra,
2-4 cucchiai di olio extravergine d'oliva,
2 cucchiai di vino bianco secco,
sale.

Per condire:
150 g di mozzarella,
150 g di ricotta,
100 g di formaggio fresco (tipo scamorza),
2 uova.

▶ Impastate anzitutto la farina con il lievito, l'olio, il vino e un poco di sale, e lasciatela riposare in un luogo caldo per almeno una mezzora o, comunque, sino a che la pasta abbia raddoppiato il suo volume.

▶ Nel frattempo mescolate in una terrina la mozzarella tagliata a fettine, la ricotta sbriciolata, il formaggio fresco e un uovo sbattuto.

▶ Con la pasta precedentemente preparata, ricavate poi 2 sfoglie di diametro leggermente diverso e piuttosto sottili; con la maggiore delle due foderate una teglia larga e bassa unta d'olio, ricoprendo anche i bordi.

▶ Quindi versatevi il ripieno, coprite con la sfoglia più piccola, premendo bene in modo che i bordi delle sfoglie aderiscano tra loro; poi bucherellate la superficie e spennellatela con l'altro uovo sbattuto.

▶ Lasciate cuocere in forno caldo per 45 minuti (circa 180-200 °C) e infine portate in tavola.

Torta al radicchio

30 min. + 1 ora di riposo

30 min.

Ingredienti

300 g di pasta frolla salata (per la preparazione v. pag. 12), 1 kg di radicchio, 50 g di capperi sottosale, 50 g di olive nere, 2 spicchi d'aglio, 1 uovo (facoltativo), olio extravergine d'oliva, sale, peperoncino rosso in polvere.

▶ Mondate il radicchio, lavatelo, asciugatelo, tagliatelo grossolanamente e versatelo in una casseruola insieme con un paio di cucchiai d'olio e con gli spicchi d'aglio sbucciati.

▶ Coprite con un coperchio e lasciate stufare a fiamma moderata mescolando di tanto in tanto con un mestolo di legno. Insaporite con del peperoncino rosso in polvere poco prima di togliere dal fuoco.

▶ Dividete la pasta frolla in 2 pezzi, uno dei quali, steso con un matterello infarinato sulla spianatoia o su un piano da lavoro adatto, servirà a foderare il fondo e i bordi di una teglia unta d'olio, in cui verserete il radicchio cotto e privato degli spicchi d'aglio.

▶ Distribuitevi sopra i capperi sciacquati e le olive nere e ricoprite poi con la seconda sfoglia di pasta, bucherellata e ben saldata ai bordi dell'altra. Se volete, spennellate la superficie con l'uovo sbattuto e infine infornate per mezzora circa nel forno preriscaldato a 200 °C.

Torta alle acciughe

50 min. + 30 min. di lievitazione

1 ora

Ingredienti

Per l'impasto:
400 g di farina,
25 g di lievito di birra fresco,
2-4 cucchiai di olio extravergine d'oliva,
sale.

Per condire:
500 g di spinaci,
150 g di acciughe fresche,
120 g di ricotta fresca,
100 g di mollica di pane,
50 g di parmigiano reggiano,
latte,
3 uova,
2 acciughe salate,
2 spicchi d'aglio,
un mazzetto

▶ Mettete la mollica di pane in una terrina, bagnatela con un poco di latte e lasciatela ammorbidire per circa 1 ora.

▶ Preparate l'impasto, unendo alla farina il lievito sciolto in un cucchiaio d'acqua tiepida e lavoratelo aggiungendo sale e olio.

▶ Mentre l'impasto lievita, mondate e lavate gli spinaci e lessateli in poca acqua salata o al vapore. Quindi scolateli, strizzateli e tritateli, poi fateli saltare in una casseruola con dell'olio e uno spicchio d'aglio schiacciato.

▶ Dopo una decina di minuti di cottura, unitevi la maggiorana, la ricotta, 2 uova, un po' di parmigiano grattugiato; salate, insaporendo con un pizzico di peperoncino e mescolate, amalgamando con cura gli ingredienti.

▶ Strizzate bene la mollica di pane, sbriciolatela e mescolatela in una ciotola con qualche cucchiaiata di parmigiano grattugiato; unitevi il prezzemolo tritato assieme a uno spicchio d'aglio, i filetti delle acciughe diliscate e dissalate e un poco d'olio. Aggiustate di sale e quindi me-

di prezzemolo,
1 pizzico
di maggiorana,
pane grattugiato,
olio extravergine
d'oliva,
sale,
peperoncino rosso
in polvere.

scolate accuratamente in modo da amalgamare tutti gli ingredienti.

▶ Poi pulite le acciughe fresche, privatele della testa, apritele, spianatele e lavatele, asciugatele delicatamente con un canovaccio pulito, passatele nella farina, nell'uovo sbattuto e nel pane grattugiato; infine friggetele in una padella con dell'olio, lasciandole sgocciolare su un foglio di carta assorbente.

▶ Passate allora a dividere la pasta in 5 parti, una un poco più grande delle altre; stendete con il matterello delle sottili sfoglie e con quella più grande, foderate il fondo e le pareti di una teglia da forno unta d'olio.

▶ Con una forchetta punzecchiate la superficie, versatevi un po' d'olio e stendetevi sopra un'altra sfoglia spennellata d'olio; aggiungete gli spinaci, spolverizzate con parmigiano grattugiato, coprite con le acciughe fritte, infine distribuite il ripieno di pane ammollato e parmigiano.

▶ Mettete sopra le altre 3 sfoglie, ungendo ogni strato con un poco d'olio. Infine sigillate con cura i bordi premendo con le dita e mettete in forno già caldo, lasciando cuocere per 1 ora.

Maggiorana

Pianta aromatica dal profumo deciso, utilizzata in numerose ricette della tradizione ligure per dare a carni, minestre e torte salate un tocco di saporita freschezza.
Per apprezzare tutto il suo aroma si consiglia di aggiungerla a crudo, selezionando sia le foglie che le infiorescenze.

Torta alle carote

15 min. + 2 ore di lievitazione

30 min.

Ingredienti

Per l'impasto della focaccia:
400 g di farina, 25 g di lievito di birra fresco, 1 cucchiaio di olio extravergine d'oliva, sale.
Per condire:
3 carote, 1 cipolla, prezzemolo, olio extravergine d'oliva, sale.

▶ Dopo aver stemperato il lievito in un po' di acqua tiepida, unitelo alla farina disposta a fontana su una spianatoia e aggiungetevi l'olio e un po' di sale.

▶ Impastate unendo altra acqua tiepida sino a ottenere un impasto morbido ed elastico. Lasciatelo lievitare per un paio d'ore in un luogo caldo e coperto da un canovaccio.

▶ Nel frattempo pulite le carote e la cipolla, tritate il tutto finemente e fatelo stufare con un po' d'olio per circa 5 minuti, a fuoco lento e tenendo il recipiente coperto; aggiustate di sale solamente poco prima di togliere dal fuoco.

▶ Quando l'impasto è ben lievitato, dividetelo in 2 parti, l'una leggermente più grande dell'altra; stendete quest'ultima sul fondo di una teglia unta d'olio e adagiatevi il ripieno al quale avrete aggiunto del prezzemolo tritato.

▶ Quindi ricoprite con la pasta rimanente, tirandola e unendo i bordi; ungete con un poco di olio, bucherellate leggermente la superficie con una forchetta e mettete in forno caldo (intorno ai 200-220 °C) per mezzora circa.

Torta allo speck

20 min. + 1 ora di lievitazione

25-30 min.

Ingredienti

Per l'impasto:
400 g di farina di frumento,
25 g di lievito di birra fresco,
1 bicchiere di latte,
sale.

Per condire:
100 g di speck,
burro per lo stampo.

▶ Anzitutto spezzettate lo speck e rosolatelo in una padella. Poi mescolate alla farina il sale, disponetela a fontana sulla spianatoia e incorporatevi il lievito sciolto in un po' di latte tiepido.

▶ Lavorate l'impasto con una certa decisione e quindi mettetene la metà in uno stampo adeguatamente imburrato. Distribuite sulla superficie lo speck, coprite con un secondo strato di pasta e lasciate lievitare il tutto in un luogo tiepido e al riparo da correnti d'aria per 1 ora.

▶ Infine cuocete la focaccia nel forno ben caldo per 25-30 minuti.

Torta di bietole

30 min. + 1 ora di riposo

45 min.

Ingredienti

400 g di pasta frolla salata (per la preparazione v. pag. 12), 700 g di bietole, 250 g di ricotta fresca, 100 g di parmigiano, 3 uova, olio extravergine d'oliva, sale, peperoncino rosso in polvere.

▶ Pulite e lavate le bietole, sgocciolatele molto accuratamente, versatele in una casseruola, unitevi alcuni cucchiai d'olio e fatele stufare a fuoco moderato, mescolando piuttosto spesso con un cucchiaio di legno e tenendo coperto con un coperchio. A cottura ultimata, quando saranno tenere, lasciatele raffreddare e poi trasferitele in una terrina.

▶ Unitevi le uova sbattute a parte, la ricotta sbriciolata, il parmigiano grattugiato; salate, insaporite con un pizzico di peperoncino e amalgamate bene tutti gli ingredienti.

▶ Tirate quindi la pasta non troppo sottile, servendovi di un matterello e dividetela in 2 parti, una più grossa dell'altra. Poi oliate una tortiera, foderatela sul fondo e sulle pareti con il disco di pasta più grosso, versatevi il composto e livellatelo; richiudete con il secondo disco di pasta, premendo bene con le dita tutt'intorno.

▶ Ungete la superficie con poco olio, bucherellatela leggermente con una forchetta e mettetele in forno per circa 45 minuti, mantenendo una temperatura intorno ai 170-180 °C.

Torta di cipolle e patate

30 min. + 1 ora di riposo

40 min.

Ingredienti

400 g di pasta frolla salata (per la preparazione v. pag. 12),
400 g di patate,
250 g di cipolle rosse di Tropea,
1 uovo,
peperoncino rosso in polvere,
1 bicchiere di panna liquida,
100 g di parmigiano grattugiato,
burro,
olio extravergine d'oliva,
sale.

▶ Preparate la pasta frolla salata e lasciatela riposare al fresco. Nel frattempo lavate e sbucciate le patate e le cipolle; quindi affettatele entrambe piuttosto finemente, e mettetele in una pentola con dell'olio, lasciandole stufare a fuoco molto basso con una retina frangifiamma e un coperchio. Mescolate spesso e controllate che non si attacchino al fondo, aggiungendo se occorre un po' d'acqua calda.

▶ Quando saranno cotte al dente, lasciatele raffreddare, poi unitevi la panna, l'uovo, il parmigiano grattugiato e amalgamate bene. Aggiustate di sale e insaporite con un pizzico di peperoncino.

▶ Tirate la pasta non troppo sottile e ricavate due dischi, uno più grande dell'altro; con il più grande foderate una tortiera imburrata od oliata, versatevi il composto, ricoprite con il secondo disco e chiudete bene i bordi con le dita.

▶ Infine, bucherellate leggermente la superficie con una forchetta, ungete con un poco d'olio e fate cuocere in forno per circa 40 minuti, a una temperatura intorno ai 170 °C.

Torta di funghi

25 min. + 1 ora di riposo

40 min.

Ingredienti

400 g di pasta frolla salata (per la preparazione v. pag. 12), 500 g di funghi, 150 g di zucchine, 2 uova, 2 spicchi d'aglio, un mazzetto di prezzemolo, olio extravergine d'oliva, sale.

Pulite e lavate i funghi sotto acqua corrente, asciugateli, affettateli sottilmente, metteteli in un tegame e stufateli con alcuni cucchiai d'olio.

In un'altra casseruola fate stufare con dell'olio le zucchine precedentemente spuntate, lavate, asciugate e affettate.

Quando sia i funghi che le zucchine sono stufati, lasciateli raffreddare e poi mescolateli insieme; aggiustate di sale, unitevi un trito di aglio e prezzemolo e aggiungetevi quindi le uova sbattute con un pizzico di sale.

Tirate la pasta sul tavolo da lavoro infarinato, dividetela in 2 parti e ricavate altrettanti dischi, uno più largo dell'altro. Con il più grande di essi foderate una tortiera unta d'olio e versatevi il composto preparato. Poi ricoprite con il secondo disco, ripiegate i bordi premendoli con le dita, e infine infornate a 200 °C per 40 minuti.

Torta di mare

40 min. + 30 min. di riposo

40 min.

Ingredienti

400 g di pasta sfoglia (per la preparazione v. pag. 13), 400 g di polpa di nasello, 100 g di vongole sgusciate, 100 g di cozze sgusciate, 30 g di funghi secchi, 1 cipolla, 1 carota, 1 costola di sedano, 2 cucchiai di porto, un mazzetto di prezzemolo, 2 uova, 1/2 limone, formaggio parmigiano reggiano, besciamella (per la preparazione v. pag. 8), olio extravergine d'oliva, sale, pepe, pepe in grani.

Preparate anzitutto un court-bouillon facendo bollire dell'acqua salata con la cipolla, la carota, il sedano a pezzi, qualche gambo di prezzemolo, 1/2 limone e alcuni grani di pepe. Poi abbassate la fiamma e lessatevi il pesce per una decina di minuti, quindi scolatelo e pulitelo da pelle e lische.

Tritate i funghi lavati, ammorbiditi in acqua tiepida e ben strizzati; poi fateli rosolare in un po' d'olio, conditeli con sale e pepe, e bagnateli con il porto. Lasciate evaporare il vino, quindi cospargeteli di prezzemolo tritato.

▶ Preparate la besciamella e amalgamatevi i tuorli delle uova, qualche cucchiaio di formaggio e i funghi. Poi, continuando a mescolare, unite anche la polpa di nasello e i molluschi.

▶ Stendete la pasta in una sfoglia sottile e foderate una teglia unta con un po' d'olio, avendo cura di tenerne da parte una quantità sufficiente a coprire in seguito il ripieno.

▶ Versate il composto nella tortiera e ricoprite con la pasta sfoglia, saldando bene i bordi e bucherellando la superficie, quindi spennellate con gli albumi sbattuti. Fate infine cuocere nel forno caldo per circa 40 minuti.

Nasello

Pesce di mare venduto in tranci e filetti, ed erroneamente scambiato con il merluzzo, per l'aspetto simile. Le sue carni, rosate e dal sapore delicato, si presentano molto sensibili alla cottura, e costituiscono un appetitoso ingrediente per fritture e preparazioni al cartoccio. Anche surgelato conserva intatte le sue qualità organolettiche.

Torta di peperoni

15 min. + 1 ora di riposo

35 min.

Ingredienti

400 g di pasta frolla salata (per la preparazione v. pag. 12),
500 g di peperoni rossi e gialli,
250 g di ricotta fresca,
2 patate,
1 cipolla,
1 uovo,
poco latte,
olio extravergine d'oliva,
sale,
peperoncino rosso in polvere.

▶ Lavate i peperoni, asciugateli, privateli dei semi e dei filamenti interni, tagliateli a listarelle di circa 1/2 cm di larghezza, metteteli in un tegame con alcuni cucchiai d'olio e con la cipolla sbucciata e tritata.

▶ Fateli insaporire a fiamma vivace per pochi minuti e quindi lasciateli stufare piuttosto lentamente, a fiamma moderata e tegame coperto, mescolando di tanto in tanto.

▶ A parte sbucciate le patate, tagliatele a bastoncino e friggetele in abbondante olio bollente. Appena fritte, unitele ai peperoni, aggiustate di sale e, dopo aver spento il fuoco, lasciate che il tutto si raffreddi.

▶ Stendete la pasta in 2 parti e foderate con la più grande il fondo e le pareti di una teglia circolare di 20-24 cm di diametro, unta d'olio. Disponetevi sopra la ricotta tagliata a fettine e poi, su di essa, distendete le verdure, insaporendo con un po' di peperoncino.

▶ Con la seconda sfoglia ricoprite la torta, saldando i bordi per evitare che possano aprirsi. Praticate infine sulla superficie qualche forellino con la forchetta e, dopo aver spennellato la superficie con uovo sbattuto diluito in poco latte, mettete in forno preriscaldato a 200 °C e lasciate cuocere per 35 minuti.

Torta di pollo e funghi

50 min. + 30 min. di riposo

30-40 min.

Ingredienti

2 petti di pollo, 300 g di funghi champignon, 2 pomodori, 1 cipolla, 2 dl di vino bianco, 3 cucchiai di brodo di pollo, 2 cucchiai di farina, 1 cucchiaio di prezzemolo tritato, 1 rametto di rosmarino, 3 cucchiai di olio, sale, peperoncino rosso in polvere.
Per la pasta: 300 g di farina, 300 g di burro, 1 tuorlo d'uovo, sale.

▶ Passate i petti di pollo in un composto di sale, rosmarino, peperoncino e una cucchiaiata d'olio, avvolgeteli in un foglio di carta stagnola e fateli cuocere in forno caldo per una ventina di minuti.

▶ Nel frattempo fate rosolare in un paio di cucchiai d'olio la cipolla finemente tritata, quindi aggiungetevi il prezzemolo e i funghi tagliati grossolanamente.

▶ Rosolate il tutto mescolando con un cucchiaio di legno, poi unite i pomodori a pezzetti e tenete sul fuoco ancora per un paio di minuti prima di spolverare di farina. Bagnate quindi con il vino e il brodo, salate, pepate e lasciate cuocere per una ventina di minuti.

▶ Dopo averli tolti dal forno, tagliate i petti di pollo a dadini, uniteli ai funghi e proseguite la cottura per altri 10 minuti a fuoco moderato.

▶ Mescolate alla farina il burro fatto a pezzetti, il sale, 1 dl scarso d'acqua. Stendete su un piano infarinato i 2/3 della pasta in una sfoglia dello spessore di 1/2 cm e foderate una pirofila.

▶ Sistematevi sopra il ripieno di pollo e funghi, e coprite con il resto della sfoglia, spennellando la superficie con il tuorlo d'uovo.

▶ Infornate infine a 200 °C e fate cuocere per 30-40 minuti. Servite con della birra scura e una buona insalata mista.

Rosmarino

Per le sue proprietà aromatiche, il rosmarino si accompagna di preferenza agli arrosti e alle grigliate di pesce, ma il suo impiego nella cucina mediterranea è molteplice: dagli oli e aceti profumati, alle gustose torte casalinghe. È preferibile utilizzarlo fresco, perché una volta seccato perde gran parte della sua gradevolezza.

Torta di porri

25 min. + 1 ora di riposo

40 min.

Ingredienti

400 g di pasta frolla salata (per la preparazione v. pag. 12), 500 g di porri, 200 g di ricotta fresca, 1 uovo, un paio di cucchiai di parmigiano grattugiato, olio extravergine d'oliva, sale, noce moscata.

▶ Lavate i porri, privateli delle barbe e della parte verde e affettateli finemente a rondelle. In una ciotola lavorate la ricotta con l'uovo sbattuto e leggermente salato. Unitevi il formaggio grattugiato e della noce moscata e incorporatevi i porri affettati.

▶ Dividete in 2 parti la pasta e da ciascuna di esse ricavate un disco, uno un poco più grande dell'altro. Adagiate il più grande sul fondo di una teglia del diametro di 24 cm unta d'olio, versateci il composto preparato precedentemente, ricoprite con l'altro disco di pasta.

▶ Ripiegate con cura i bordi per evitare che si scollino ed eliminate eventuali pezzi di pasta eccedente, che potranno essere impiegati per delle decorazioni da applicare sulla superficie.

▶ Infine, bucherellate leggermente con una forchetta e mettete in forno caldo (intorno ai 200-220 °C) per circa 40 minuti.

Torta di porri e pancetta

20 min. + 1 ora di riposo

45 min.

Ingredienti

400 g di pasta frolla salata (per la preparazione v. pag. 12),
750 g di porri,
60 g di pancetta affumicata,
60 g di burro,
1 uovo,
latte,
sale, pepe.

▶ Pulite i porri, affettateli finemente e metteteli in una pentola con il burro e un po' d'acqua. Lasciateli stufare per una decina di minuti, mescolandoli ogni tanto con un mestolo di legno.

▶ Foderate uno stampo da crostata con circa 2/3 della pasta stesa sottilmente, e disponetevi sopra i porri, la pancetta tritata e pepata.

▶ Coprite con la pasta frolla rimasta, premendo bene sui bordi inumiditi, quindi praticate un foro al centro del "coperchio" e infine passate nel forno preriscaldato a 200 °C, lasciando cuocere per circa 35 minuti, fino a ottenere un bel colore dorato.

▶ Sbattete infine l'uovo con un po' di latte salato e, dopo aver tolto il pasticcio dal forno, versatevi questo composto attraverso il foro. Rimettete in forno ancora per una decina di minuti, in modo che la crema di latte e uova si rassodi, e infine servite caldo o freddo, secondo le vostre preferenze.

Torta di ricotta

20 min. + 1 ora di lievitazione

30-35 min.

Ingredienti

Per l'impasto della focaccia:
350 g di farina,
15 g di lievito di birra fresco,
1 cucchiaio di olio extravergine d'oliva,
sale.

Per condire:
250 g di ricotta fresca,
1 cucchiaio di maggiorana tritata,
olio extravergine d'oliva,
sale.

▶ Sciogliete il lievito in un po' di acqua tiepida, unitelo alla farina e aggiungetevi l'olio e un po' di sale. Impastate con altra acqua, sino a ottenere un impasto morbido, che farete lievitare per almeno un'ora in un luogo caldo, coperto da un canovaccio umido.

▶ Riprendete poi l'impasto, dividetelo in 2 parti, una leggermente più grande dell'altra, lavoratele di nuovo e stendete la più grande sul fondo di una teglia unta d'olio.

▶ In una terrina unite la ricotta, la maggiorana, un pizzico di sale e 1 cucchiaio di acqua, quindi distribuite il composto sulla superficie della teglia.

▶ Ricoprite con il secondo disco di pasta, pizzicate i bordi dei due dischi in modo da saldarli insieme, bucate la superficie con una forchetta e ungetela con un po' di olio. Infine, infornate in forno caldo (200-220 °C) e lasciate cuocere per mezzora circa.

Torta di scarola

1ª versione

30 min. + 30 min. di riposo

30-35 min.

Ingredienti

400 g di pasta sfoglia (per la preparazione v. pag. 13),
4 cesti di scarola,
200 g di provola,
parmigiano grattugiato,
4 acciughe sottosale,
1 uovo,
olio extravergine d'oliva,
sale, pepe.

▶ Mondate e affettate la scarola a listarelle, mischiatela alle acciughe pulite dal sale e dalle lische e tagliate a pezzettini; aggiungete qualche cucchiaio di olio, un po' di parmigiano, il tuorlo d'uovo, sale e pepe.

▶ Dividete la pasta sfoglia in 2 parti, una più larga dell'altra, e stendete entrambe con il matterello; con la più larga foderate una tortiera unta di olio, poi distribuite all'interno la provola tagliata a fettine e la scarola.

▶ Richiudete la superficie con il secondo disco di pasta, bucherellandolo e spennellandolo con l'albume, quindi cuocete in forno per 30-35 minuti circa a 200 °C .

Torta di scarola

2ª versione

20 min. + 30 min. di riposo

30-35 min.

Ingredienti

400 g di pasta sfoglia,
4 cesti di scarola,
2 spicchi d'aglio,
2 cucchiai di capperi sottosale,
1 cucchiaio di uvetta passa,
una ventina di olive nere snocciolate,
olio extravergine d'oliva,
sale,
peperoncino rosso in polvere.

▶ Lavate la scarola e lessatela a vapore, quindi passatela in padella con dell'olio e gli spicchi d'aglio sbucciati. Insaporitela con sale e peperoncino, e poco prima di toglierla dal fuoco eliminate l'aglio.

▶ Dividete la pasta sfoglia in 2 parti, una un poco più larga dell'altra, e stendete entrambe con il matterello; con la più grande foderate una tortiera precedentemente unta di olio, quindi distribuite all'interno la scarola preventivamente mescolata ai capperi sciacquati, alle olive e all'uvetta lavata e lasciata rinvenire in poca acqua tiepida.

▶ Coprite con la pasta rimanente, saldate bene i bordi, bucherellate la superficie e mettete in forno per 30-35 minuti circa a una temperatura di 200 °C. Se preferite o se vi fa comodo, potrete servirla anche fredda.

Torta pasqualina

20 min. + 1 ora di riposo

1 ora

Ingredienti

Per la pasta:
600 g di farina,
2 cucchiai di olio extravergine d'oliva,
sale.

Per il ripieno:
8 carciofi,
400 g di ricotta fresca,
200 g di bietole o di spinaci,
100 g di burro,
50 g di parmigiano reggiano,
10 uova,
1 limone,

▶ Pulite i carciofi, tagliateli per il lungo a fette sottili e metteteli in acqua con succo di limone.

▶ Setacciate la farina a fontana su un piano da lavoro, mettete al centro l'olio, 1/2 l di acqua tiepida, il sale e lavorate l'impasto per 15 minuti. Poi copritelo con un tovagliolo asciutto coperto da un altro bagnato e lasciate riposare per almeno 1 ora.

▶ Nel frattempo lavate le bietole, cuocetele in poca acqua salata, scolatele, strizzatele bene e tritatele. In un tegame fate imbiondire metà del burro con lo spicchio d'aglio sbucciato, unitevi i carciofi ben scolati, coprite e lasciate cuocere dolcemente.

▶ A fine cottura aggiungete un po' di prezzemolo tritato e quindi togliete i carciofi dal tegame e fate insaporire le bietole nel condimento rimasto. Poi mettete in una terrina la ricotta, il

1 spicchio d'aglio,
2 cucchiai di farina di frumento,
prezzemolo,
olio extravergine d'oliva,
sale, pepe.

parmigiano grattugiato, 3 uova, la farina, sale, pepe e mescolate bene; unitevi le bietole e i carciofi quando saranno freddi, dopo aver eliminato lo spicchio d'aglio.

▶ Riprendete la pasta e dividetela in 10 pezzi. Lavorate con il matterello i primi 4 pezzi di pasta, uno alla volta, e tirate la sfoglia sottilissima, tenendo via via coperti quelli che non utilizzate, così da evitare che si secchino. Distendete quindi le sfoglie una sopra l'altra in una tortiera, spennellando le prime tre con dell'olio, per evitare che si saldino insieme.

▶ Fate aderire al fondo e ai bordi lasciandone uscire 1 cm abbondante tutt'intorno. Versate al centro il ripieno preparato e, utilizzando il dorso di un cucchiaio, formate 7 incavi. In ognuno rompete un uovo e conditelo con un cucchiaino di burro fuso, uno di parmigiano, sale e pepe.

▶ Riprendete poi i pezzi di pasta rimanenti, formate delle sfoglie e ricoprite il ripieno, procedendo come sopra, spennellando ognuna con dell'olio.

▶ Ritagliate tutt'intorno la pasta eccedente e con i ritagli formate un cordone da appoggiare sul bordo. Ungete l'ultima sfoglia con l'olio e punzecchiate la pasta con una forchetta, facendo attenzione a non rompere le uova. Infine, cuocete per circa 1 ora la torta in forno, a calore moderato.

(*Foto della ricetta a pag. 16*).

Crostate & focacce

*Per una cena informale,
una festa tra amici o un pic-nic
all'aria aperta... queste ricette
sono proprio quel che ci vuole,
perché combinano il gusto
e la praticità di realizzazione.
Si può scegliere se comprare
le basi di pasta sfoglia
e di pasta frolla già fatte,
o se prepararle in casa, seguendo
le indicazioni date.
Tutto dipenderà, ovviamente,
dal tempo a disposizione.
Potrete anche divertirvi
a giocare con gli ingredienti,
combinandoli a vostro piacimento
e arricchendo le ricette
con la vostra personale creatività.*

stata agli asparagi

25 min. + 1 ora di riposo

40 min.

Ingredienti

350 g di pasta frolla salata (per la preparazione v. pag. 12), 800 g di asparagi, 3 uova, 1/4 di l di panna liquida da cucina, 1/4 di l di latte, parmigiano grattugiato, olio extravergine d'oliva, sale, noce moscata, peperoncino rosso in polvere.

▶ Privatе gli asparagi della parte legnosa, lavateli, divideteli in mazzetti e bolliteli in acqua salata. Quando sono cotti al dente, passateli in una padella con dell'olio.

▶ Stendete la pasta in una teglia leggermente oliata, ricoprendone i bordi e il fondo. Sbattete le uova con la panna e il latte, unitevi gli asparagi, del formaggio parmigiano grattugiato, noce moscata, sale, un pizzico di peperoncino e versate il composto dentro la pasta.

▶ Lasciate infine cuocere in forno a temperatura media per circa 40 minuti, finché l'impasto risulti leggermente dorato.

Crostata agli asparagi e ricotta

25 min. + 1 ora di riposo

40 min.

Ingredienti

350 g di pasta frolla salata (per la preparazione v. pag. 12),
800 g di asparagi,
300 g di ricotta fresca,
70 g di formaggio parmigiano grattugiato,
2 uova e 1 tuorlo,
1/2 bicchiere di panna da cucina,
olio extravergine d'oliva,
sale.

▶ Private anzitutto gli asparagi della parte legnosa, lavateli, lessateli in acqua salata, scolateli e mettetene da parte alcuni per la decorazione che realizzerete in seguito.

▶ Passate i rimanenti al passaverdure, raccogliendo la purea in una terrina. Unitevi la ricotta sbriciolata, le uova e il tuorlo sbattuti e leggermente salati, il formaggio parmigiano grattugiato, la panna e mescolate fino a quando gli ingredienti non saranno amalgamati tra loro.

▶ Sul piano da lavoro tirate la pasta non troppo sottile, foderate con questa una teglia unta d'olio e versatevi il composto di asparagi e ricotta.

▶ Mettete infine in forno caldo per circa 40 minuti, quindi sfornate e decorate il tortino con le punte di asparagi tenute da parte.

Crostata ai carciofi

30 min. + 1 ora di riposo

40 min.

Ingredienti

350 g di pasta frolla salata (per la preparazione v. pag. 12),
9 carciofi,
200 g di ricotta fresca,
100 g di fontina,
50 g di parmigiano grattugiato,
3 uova,
1 bicchiere di latte,
2 spicchi d'aglio,
olio extravergine d'oliva,
sale,
peperoncino rosso in polvere.

▶ Togliete le foglie dure e le punte ai carciofi, lavateli, tagliateli a spicchietti, metteteli in una padella con dell'olio, gli spicchi d'aglio sbucciati e affettati, 1 bicchiere d'acqua e cuoceteli a fuoco lento, coprendo con un coperchio, finché saranno quasi sfatti. Salate e insaporite con il peperoncino solo al termine della cottura.

▶ In una terrina amalgamate la ricotta con il latte, le uova, il parmigiano grattugiato e la fontina tagliata a dadini, unitevi i carciofi e aggiustate di sale.

▶ Stendete infine la pasta sul fondo e lungo i bordi di una teglia unta d'olio, versatevi il composto, stendetelo e infornatelo a media temperatura per circa 40 minuti.

Crostata all'emmental

15 min. + 1 ora di riposo

20 min.

Ingredienti

350 g di pasta frolla salata (per la preparazione v. pag. 12), 200 g di emmental, 3 uova, 1/4 di l di panna liquida da cucina, burro, noce moscata, sale, peperoncino rosso in polvere.

▶ Preparate la pasta frolla salata e tiratela non troppo sottilmente. Imburrate leggermente una tortiera, disponetevi la pasta frolla, copritela eventualmente con della carta oleata e una manciata di fagioli secchi e mettete in forno a calore moderato per 15 minuti circa.

▶ Nel frattempo sbattete le uova, unitevi la panna, il formaggio emmental, un pizzico di noce moscata, sale e peperoncino; mescolate con cura e quindi, dopo averla tolta dal forno e aver eliminato la carta e i fagioli, riempite con il composto la crostata.

▶ Rimettetela infine in forno a 180 °C per 20 minuti circa e poi servitela calda o fredda.

Crostata alle melanzane

15 min. + 1 ora di riposo

40-45 min.

Ingredienti

350 g di pasta frolla salata (per la preparazione v. pag. 12),
2 melanzane medie,
200 g di panna da cucina,
2 uova,
2 spicchi d'aglio,
alcuni rametti di prezzemolo,
olio extravergine d'oliva,
sale,
peperoncino rosso in polvere.

▶ Spuntate e sbucciate le melanzane, tagliatele a fettine di 1 cm di spessore e mettetele a spurgare dopo averle cosparse di sale e gravate da un peso. Poi scolatele, asciugatele con un panno pulito e saltatele in un tegame con dell'olio a fuoco allegro, in modo da dorarle. Aggiungetevi un trito di aglio e prezzemolo al momento di toglierle dal fuoco.

▶ Poi spianate la pasta piuttosto sottilmente e foderate con essa uno stampo circolare di 20 cm di diametro, unto d'olio, rialzandola lungo i bordi. Punzecchiatela con una forchetta e ponete infine in forno a 220 °C per 20 minuti.

▶ Dopo aver sfornato, colmate la pasta con il composto di melanzane e livellatene la superficie, versatevi sopra la panna mescolata alle uova sbattute, spolverate di sale e peperoncino e rimettete in forno a 200 °C per 20-25 minuti.

Crostata di brie e cipolle

25 min. + 1 ora di lievitazione

25 min.

Ingredienti

Per l'impasto:
200 g di farina,
15 g di lievito di birra fresco,
1 cucchiaio di olio extravergine d'oliva,
sale.

Per condire:
2 cipolle rosse,
1 fetta spessa di speck,
2 uova,
100 g di formaggio brie,
3 cucchiai di panna liquida da cucina,
olio extravergine d'oliva,
sale, pepe.

▶ Anzitutto stemperate il lievito in un po' di acqua tiepida, quindi unitelo alla farina disposta a fontana su una spianatoia e aggiungetevi l'olio e un po' di sale.

▶ Impastate aggiungendo altra acqua tiepida fino a ottenere un impasto morbido e lasciatelo poi lievitare per almeno un'ora, raccolto a palla, in un luogo caldo, coperto da un canovaccio umido.

▶ Nel frattempo sbucciate le cipolle, affettatele e fatele ammorbidire in un tegame con un po' di olio.

▶ Quando la pasta è adeguatamente lievitata, stendetela a circa 1/2 cm di spessore e disponetela sulla placca del forno leggermente unta di olio (o coperta con della carta da forno).

▶ Distribuite le cipolle sulla pasta, lasciando libero 1 cm di bordo che spennellerete con il fondo di cottura.

▶ Preparate una salsina frullando il formaggio con le uova, 3 cucchiai di panna, sale e pepe; distribuitela sulle cipolle insieme a pezzettini di speck. Cuocete in forno caldo (200 °C) per 25 minuti circa e quindi servite la torta, accompagnandola con un vino rosso leggero.

(*Foto della ricetta a pag. 48*).

Crostata di cipolle

30 min. + 1 ora di riposo

25-30 min.

Ingredienti

350 g di pasta frolla salata (per la preparazione v. pag. 12), 4 grosse cipolle, 1/4 di l di panna liquida da cucina, 1/4 di l di latte, 3 uova, 2 tuorli d'uovo, 60 g di burro, sale, pepe.

▶ Stendete la pasta con il matterello e sistematela in una tortiera unta d'olio, bucherellando il fondo con una forchetta. Copritela poi con un foglio di carta oleata e fatela cuocere in forno a 200 °C per 15 minuti, senza far prendere il colore.

▶ Con una frusta sbattete intanto la panna, il latte, le uova, i tuorli, sale e pepe, sino a ottenere un impasto spumoso. Fate quindi appassire nel burro le cipolle pulite e tagliate a sottili fettine e incorporatele poi nel composto.

▶ Da ultimo, dopo aver tolto la carta oleata, riempite la crostata ancora calda con il ripieno e fate cuocere la torta per 25-30 minuti nel forno preriscaldato a 180-200 °C. Servite la crostata di cipolle ben calda.

APPELLATION VIN D'ALSACE
Riesling

Crostata di funghi

30 min. + 1 ora di riposo

30 min.

Ingredienti

350 g di pasta frolla salata (per la preparazione v. pag. 12),
300 g di funghi,
100 g di parmigiano grattugiato,
3 uova,
1/4 di l di panna liquida da cucina,
2 spicchi d'aglio,
alcuni rametti di prezzemolo,
olio extravergine d'oliva,
sale,
peperoncino rosso in polvere.

▶ Dopo averli accuratamente puliti, lavate velocemente i funghi sotto acqua corrente, asciugateli, affettateli sottilmente e fateli stufare in una casseruola con dell'olio, aggiustando di sale e aggiungendo un trito di aglio e prezzemolo solo alla fine della cottura.

▶ Tirate la pasta non troppo sottile, oliate una tortiera, disponetevi la pasta e, se lo ritenete opportuno, copritela con carta oleata e una manciata di fagioli secchi. Mettete in forno a calore moderato per 15 minuti. A parte sbattete intanto le uova con la panna, salate il composto e insaporitelo con un pizzico di peperoncino a piacere, ma senza esagerare.

▶ Trascorso il tempo di cottura previsto per la crostata, levatela dal forno, eliminate i fagioli e la carta e versatevi uno strato di funghi cotti, coprite con la crema di uova e panna da cucina, e spolverizzate tutta la superficie con il parmigiano grattugiato. Quindi fate un altro strato di funghi, crema e così via, terminando con la crema. Infine infornate a 180-200 °C per mezzora.

Crostata di spinaci e panna

15 min. + 1 ora di riposo

35-40 min.

Ingredienti

350 g di pasta frolla salata (per la preparazione v. pag. 12), 700 g di spinaci, 100 g di parmigiano grattugiato, 50 g di groviera, 1 cipolla, 2 uova, 1 dl di panna liquida da cucina, olio extravergine d'oliva, sale, peperoncino rosso in polvere.

▶ Pulite gli spinaci, lavateli accuratamente, cuoceteli al vapore e scolateli quando sono ancora al dente.

▶ Sbucciate e affettate la cipolla e fatela stufare per 10 minuti in poco olio con gli spinaci strizzati, aggiungendo il sale, la panna e un pizzico di peperoncino, solo poco prima di toglierе dal fuoco.

▶ Sbattete in una ciotola le uova, unitevi il parmigiano e il groviera quindi versate il composto sugli spinaci, mescolando accuratamente.

▶ Tirate la pasta sulla spianatoia, trasferitela in una teglia ben oliata, allargatela accuratamente sui bordi in modo da ricoprirli e versatevi il composto di spinaci. Mettete infine in forno a 200-220 °C per 35-40 minuti circa, finché la crostata sia dorata.

Crostata di verdure

15 min. + 1 ora di riposo

35-40 min.

Ingredienti

350 g di pasta frolla salata (per la preparazione v. pag. 12),1 kg di verdure miste, origano, 50 g di parmigiano reggiano, 2 uova, 1 bicchiere di latte, noce moscata, olio extravergine d'oliva, sale, peperoncino rosso, 1/2 cipolla (facoltativa).

Dopo aver preparato la pasta frolla, pulite, lavate, affettate le verdure e quindi lessatele al dente in poca acqua salata, o stufatele in poco olio con della cipolla affettata sottilmente; insaporitele poi con peperoncino e origano e lasciatele intiepidire.

Nel frattempo sbattete in una terrina le uova con del sale e il parmigiano grattugiato, incorporatevi il latte freddo e un pizzico di noce moscata.

Versate poi il composto sulle verdure e mescolate con delicatezza. Stendete la pasta e con essa foderate il fondo e i bordi di una teglia oliata, versatevi il composto di verdure e infine lasciate per 35-40 minuti nel forno preriscaldato a media temperatura.

Crostata svizzera

25 min. + 20 min. di riposo

20-30 min.

Ingredienti

Per la pasta:
250 g di farina, 125 g di burro, 1/2 cucchiaino di sale, burro per lo stampo.
Per la farcitura:
400 g di pomodori, 1 cipolla, erba cipollina, 200 g di emmental, 6-8 fette di pane.
Per la copertura:
250 g di panna da cucina, 3 uova, 20 g di semi di sesamo, pepe nero.

Impastate la farina, il sale e il burro con 4 cucchiai di acqua, stendete quindi la pasta e ponetela in uno stampo imburrato, lasciandola riposare in frigorifero per 20 minuti.

Scottate i pomodori, pelateli e tagliateli a fette. Tritate la cipolla insieme all'erba cipollina.

Ricoprite poi il fondo di pasta con le fette di pane, il pomodoro, la cipolla tritata, l'erba cipollina e il formaggio, mescolate le uova sbattute e la panna, pepate, versate il tutto sul ripieno e cospargetelo di semi di sesamo.

Cuocete in forno caldo a 200 °C per 20-30 minuti, lasciate poi intiepidire e infine servite.

Farinata di ceci

15 min. + 12 ore di riposo
30 min. circa

Ingredienti

350 g di farina di ceci,
rosmarino,
olio extravergine d'oliva,
sale, pepe.

Anzitutto mescolate in una terrina la farina di ceci assieme a circa 1 l di acqua: disponetela a fontana e versatevi a poco a poco nel centro l'acqua, mescolando con molta cura, così da evitare la formazione di grumi.

Poi lasciate riposare l'impasto per 1 notte; il giorno seguente eliminate la schiuma che si sarà formata in superficie e amalgamate al composto circa 1/2 bicchiere di buon olio extravergine d'oliva e salate.

Versate quindi il tutto in una teglia unta d'olio e infine infornate a calore moderato fino a quando la focaccia risulti ben cotta.

Per completare, profumatela con un po' di aghetti di rosmarino e, se preferite, insaporitela con un po' di pepe al momento di servirla tagliata a pezzi.

Filascetta

20 min. + 2 ore di lievitazione

30 min.

Ingredienti

400 di pasta di pane (per la preparazione v. pag. 10), 400 g di cipolle rosse, 150 g di formaggio semigrasso, 50 g di burro, zucchero, sale.

Lavorate la pasta di pane per qualche minuto con il matterello infarinato, tiratela non troppo sottile e disponetela nella teglia da forno adeguatamente unta d'olio.

Sulla sua superficie distribuite le cipolle, che avrete fatto precedentemente appassire nel burro per circa 50 minuti a fiamma molto bassa, in modo che non prendano il colore scuro e il conseguente sapore amaro; salate a fine cottura.

Oltre alle cipolle, distribuite del formaggio che fili (da cui il nome), un pizzico di zucchero e uno di sale.

Infine, ponete in forno a temperatura moderata (circa 190 °C) per 30 minuti.

Focaccia ai ceci

25 min. + 2 ore di lievitazione

30-40 min. circa

Ingredienti

350 g di farina di ceci, 150 g di cipolle novelle, 15 g di lievito di birra fresco,1 cucchiaio di semi di finocchio, olio extravergine d'oliva, sale.

Dopo aver disposto la farina di ceci a fontana su una spianatoia, sbriciolatevi il lievito di birra, aggiungete il sale, un po' di acqua tiepida e iniziate ad amalgamare gli ingredienti.

Continuate a versare acqua, poca alla volta, fino a ottenere un impasto omogeneo e soffice, lavorando per alcuni minuti e incorporando anche i semi di finocchio.

Trasferite quindi il tutto in una terrina, coprite con un tovagliolo e lasciate riposare in un luogo tiepido per almeno un paio d'ore.

Sistemate quindi il composto in una teglia oliata, mettetevi sopra le cipolle sbucciate e sottilmente affettate, condite con un filo d'olio e passate in forno a calore moderato, lasciando cuocere fino a quando la superficie della focaccia avrà preso un bel colore dorato.

Focaccia al formaggio

15 min. + 2 ore di lievitazione

20 min.

Ingredienti

350 di impasto per focacce (per la preparazione v. pag. 9), 400 g di formaggio morbido (tipo fontina), olio extravergine d'oliva, sale.

▶ Preparate l'impasto per focacce e lasciatelo adeguatamente lievitare. Dividetelo poi in due parti, lavoratele e stendetele su una spianatoia formando due dischi abbastanza spessi.

▶ Ungete una teglia, appoggiatevi il primo disco, ricopritelo con il formaggio tagliato a fettine sottili, appoggiatevi sopra il secondo disco saldandolo al primo.

▶ Versatevi un poco d'olio, bucherellate leggermente la superficie con una forchetta e infornate a 250 °C per una ventina di minuti.

La fontina

Tipico formaggio da tavola valdostano, ottenuto fin dai tempi più antichi dalla lavorazione del latte dei bovini da alpeggio. Il suo nome è probabilmente legato alla particolare idoneità alla fusione, apprezzabile nel rinomato piatto della fonduta, ma è ormai divenuto un ingrediente irrinunciabile anche per la famosa polenta valdostana.

Focaccia al prosciutto

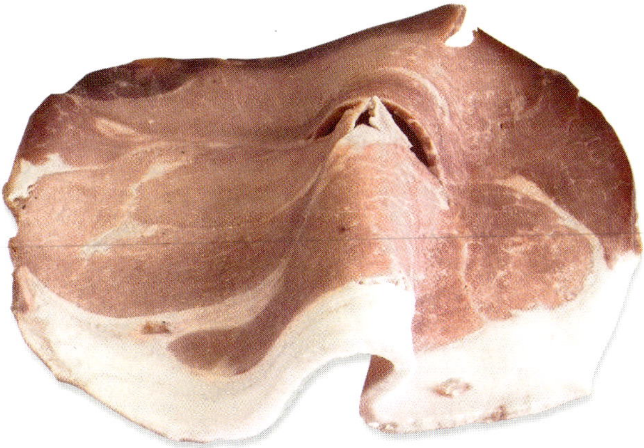

15 min. + 2 ore di lievitazione

30 min.

Ingredienti

350 g di impasto per focacce (per la preparazione v. pag. 9), 200 g di prosciutto cotto, 200 g di sedano rapa, olio.

Preparate l'impasto per focacce e fatelo lievitare. Pulite il sedano rapa, tagliatelo a pezzi e fatelo cuocere per 20 minuti in poca acqua salata. Strizzatelo bene, schiacciatelo con una forchetta e unitelo al prosciutto cotto sminuzzato.

Stendete l'impasto in forma rettangolare con uno spessore di circa mezzo centimetro; appoggiatelo sopra una teglia oliata e farcitelo con il composto al prosciutto.

Mettete in forno caldo (180 °C) per venti minuti circa. Volendo, potete sostituire il sedano rapa con ricotta fresca.

Focaccia al pomodoro

20 min. + 2 ore di lievitazione

30 min.

Ingredienti

350 g di impasto per focacce (per la preparazione *v. pag. 9).*
Per condire:
300 g di pomodori maturi, alcune foglie di basilico, origano, olio extravergine d'oliva, sale.

▶ Prendete l'impasto per le focacce già lievitato e lavoratelo nuovamente, formando un disco. Stendetelo quindi in una teglia unta d'olio o, se preferite, sulla placca del forno.

▶ Ricoprite l'impasto con fettine di pomodoro, spolverizzate la superficie con un pizzico di sale, origano e basilico sminuzzato, condite con un poco d'olio e infornate per circa mezzora a forno ben caldo.

Focaccia alla crema di olive

25 min. + 2 ore di lievitazione

35-40 min.

Ingredienti

350 g di impasto per focacce (per la preparazione v. pag. 9).

Per condire:
2 cucchiai di crema di olive nere,
olio extravergine d'oliva.

▶ Preparate l'impasto per le focacce e lasciatelo poi lievitare per un paio d'ore, raccolto a palla, in un luogo caldo e al riparo da correnti d'aria, coperto da un canovaccio umido.

▶ Quando è ben lievitato, stendetelo in una teglia unta d'olio, o direttamente sulla placca del forno, spalmatene la superficie con la crema di olive diluita con un po' d'olio e infornate in forno caldo per 35-40 minuti circa.

Focaccia alle acciughe

20 min. + 2 ore di lievitazione

30 min.

Ingredienti

350 g di impasto per focacce (per la preparazione v. pag. 9).

Per condire:
50 g di acciughe sottolio,
1 spicchio d'aglio,
un mazzetto di prezzemolo,
olio extravergine d'oliva.

▶ Preparate l'impasto per focacce e lasciatelo lievitare per un paio d'ore in un luogo caldo e al riparo da correnti d'aria, coperto da un canovaccio umido.

▶ Quando avrà raddoppiato il suo volume, lavoratelo nuovamente, ricavatene una sfoglia aiutandovi con un matterello infarinato, spolveratela con un trito di aglio e prezzemolo e con le acciughe spezzettate finemente.

▶ Impastate di nuovo con energia, stendete l'impasto nella dimensione desiderata e trasferitelo in una teglia bassa e leggermente unta d'olio o sulla placca del forno.

▶ Condite con un giro d'olio e infornate per circa mezzora in forno caldo, mantenendo una temperatura intorno ai 200-220 °C.

Focaccia alle cipolle

20 min. + 2 ore di lievitazione

30 min.

Ingredienti

350 g di impasto per focacce (per la preparazione v. pag. 9).

Per condire:
300 g di cipolle,
olio extravergine d'oliva,
sale.

▶ Preparate l'impasto per focacce e lasciatelo lievitare per un paio d'ore in un luogo caldo e al riparo da correnti d'aria, coperto da un canovaccio umido.

▶ Quando avrà raddoppiato il suo volume, lavoratelo nuovamente con le mani e stendetelo in modo uniforme sulla spianatoia infarinata.

▶ Quindi trasferitelo in una teglia unta d'olio o sulla placca del forno, salatelo leggermente e versateci sopra le cipolle precedentemente sbucciate, sottilmente affettate e delicatamente stufate in poco olio, aggiungendo qualche cucchiaio di acqua calda se necessario.

▶ Irrorate il tutto con un filo d'olio e poi mettete in forno caldo, lasciando cuocere per circa mezzora, fino a quando prenderà un bel colore dorato. Servite infine la focaccia ben calda.

Focaccia all'origano

20 min. + 2 ore di lievitazione

40 min.

Ingredienti

350 g di pasta da pizza, (per la preparazione v. pag. 11), 200 g di pomarola, 3 spicchi d'aglio, 3 cucchiaini di origano, 3 cucchiai di olio, sale.

Lavorate la pasta per darle elasticità e disponetela in una teglia unta. Stendendola formate delle piccole cavità in cui inserirete la pomarola e l'aglio a fette sottili.

Salate la superficie della focaccia, cospargetela di origano, condite con 2 cucchiai d'olio e cuocete in forno a 180° per 40 minuti. La pasta dovrà conservare ancora tutta la sua morbidezza anche dopo la cottura.

Focaccia con il gorgonzola

25 min. + 2 ore di lievitazione

35-40 min.

Ingredienti

350 g di impasto per focacce (per la preparazione v. pag. 9).

Per condire:
400 g di gorgonzola dolce,
olio extravergine d'oliva.

Prendete l'impasto lievitato e dividetelo in 2 parti; stendetelo poi con un matterello infarinato su una spianatoia e formate 2 dischi abbastanza spessi.

Ungete quindi una teglia, appoggiatevi sul fondo il primo disco, ricopritelo con il gorgonzola a pezzetti, appoggiatevi sopra il secondo disco saldandolo al primo, irrorate con poco olio e bucherellate leggermente la superficie con una forchetta.

Inserite infine la focaccia nel forno preriscaldato a 200 °C e fate cuocere per 35-40 minuti.

Focaccia con patate e olive

35 min. + 2 ore di lievitazione

30 min.

Ingredienti

200 g di farina,
100 g di patate,
50 g di olive nere,
2 spicchi d'aglio,
10 g di lievito di birra fresco,
olio extravergine d'oliva,
sale.

▶ Fate anzitutto lessare le patate con la buccia dopo averle lavate, quindi scolatele, sbucciatele e passatele allo schiacciapatate.

▶ Disponete la farina a fontana sulla spianatoia, unitevi la purea di patate, il lievito sciolto preventivamente in poca acqua tiepida, del sale e un poco d'olio.

▶ Lavorate bene l'impasto, che dovrà risultare morbido ed elastico, quindi disponetelo in una grande teglia oliata, irrorate con dell'olio e lasciate lievitare al caldo per poco meno di 2 ore.

▶ Portate il forno a una temperatura intorno ai 200 °C, quindi cospargete la focaccia con le olive nere e l'aglio tagliato a fettine e infornate per una mezzora, prima di servire calda.

Focaccia di zucca

50 min. + 1 ora di lievitazione

45 min.

Ingredienti

200 g di farina, 200 g di polpa di zucca, radicchio trevigiano, 1 cipolla, 10 g di lievito di birra fresco, olio extravergine d'oliva, sale.

▶ Cuocete anzitutto al vapore, o in poca acqua salata, un pezzo di zucca gialla, privata della buccia e dei semi, poi riducetela in purea con un passaverdura.

▶ Stemperate il lievito di birra con poca acqua tiepida. Disponete la farina a fontana su una spianatoia, aggiungete un pizzico di sale, il lievito sciolto e amalgamate lentamente al tutto la purea di zucca, unendo acqua fino ad ottenere un impasto morbido.

▶ Quindi mettetelo in un luogo tiepido, coperto da un canovaccio, e lasciatelo lievitare per circa 1 ora.

▶ Nel frattempo sbucciate la cipolla, tagliatela a fette e fatela cuocere con poca acqua; a cottura quasi ultimata aggiungete il radicchio pulito e tagliato nel senso della lunghezza, salate e lasciate cuocere per qualche minuto.

▶ Quando l'impasto è lievitato, stendetelo uniformemente in una teglia unta d'olio, in modo che sia alto 1 cm almeno; distribuite la cipolla e il radicchio sulla superficie, e fate cuocere per 45 minuti nel forno riscaldato a 180 °C.

Zucca

Ortaggio dalle molteplici varietà, originario del Sud America e coltivato sia per usi alimentari che decorativi. La sua polpa, dolce e leggera, assume generalmente un colore giallastro quando è ben matura, ed è ottima in risotti, sformati e piatti al forno, che è possibile preparare durante tutto l'anno. Esistono infatti zucche estive e zucche invernali, diverse per consistenza e impiego, ma le più presenti sulla tavola sono la "Marina di Chioggia" e la "Piena di Napoli".

Focaccia vegetariana

30 min. + 2 ore di lievitazione

35 min.

Ingredienti

350 g di pasta di pane, (per la preparazione v. pag. 10), 400 g di borragine, 200 g di tarassaco, 100 g di cicoria, 100 g di erba cipollina, 100 g di scalogno, 50 g di timo, 100 g di parmigiano, 100 g di prosciutto in un'unica fetta, 20 olive nere, 4 uova fresche, 5 foglie di alloro, aglio, olio extravergine di oliva, sale.

▶ Preparate un trito di aglio e scalogno e fatelo rosolare nell'olio con le foglie di alloro.

▶ Bollite in acqua salata le erbe, escluso il timo, tagliatele e insaporitele nell'olio del trito.

▶ In una terrina sbattete le uova, unite quindi il parmigiano reggiano grattugiato, le olive snocciolate, il prosciutto a pezzi e il timo.

▶ Amalgamate il tutto alle erbe, ungete un tegame e rivestitelo di pasta da pane. Versate dentro il preparato e cuocete in forno a 200 °C per circa 35 minuti.

Quiche lorraine

25 min. + 30 min. di riposo

30 min. circa

Ingredienti

Per l'impasto:
300 g di farina, 300 g di burro,
300 g di quark magro o di ricotta fresca, sale.
Per la farcitura:
100 g di pancetta affumicata, 70 g di prosciutto cotto.
Per il ripieno:
200 g di emmental, 70 g di burro,
2 uova, 1/4 di l di panna acida, 2-3 cucchiai di erba cipollina tagliata finemente, 2 cucchiai di farina di frumento, sale, pepe.

▶ Su una spianatoia infarinata lavorate rapidamente la farina, il quark o la ricotta, il burro e il sale, così da ottenere un impasto omogeneo. Poi lasciatelo riposare in frigorifero per circa mezzora.

1998
MEDAILLE D'OR
SPARR

▶ Trascorso il tempo previsto, ponete l'impasto in uno stampo imburrato, sollevando e premendo contro le pareti un bordo di pasta alto sino all'orlo dello stampo stesso.

▶ Tagliate a piccoli cubetti la pancetta e il prosciutto e distribuiteli sulla base di pasta.

▶ Quindi, dopo aver grattugiato il formaggio emmental e tagliato a pezzetti il burro, mescolate bene gli ingredienti per il ripieno in una terrina, salate, pepate e versate il tutto sopra i cubetti di prosciutto e pancetta.

▶ Fate cuocere in forno caldo a 200-220 °C per circa 30 minuti e infine servite caldo, accompagnando preferibilmente la quiche con un vino bianco fresco.

Erba cipollina

Pianticella perenne bulbosa molto comune nei prati, le cui foglie sottili, caratterizzate da un delicato sapore di cipolla, possono essere raccolte per tutto il periodo dell'anno. È molto apprezzata per usi culinari, soprattutto nelle insalate e come aromatizzante di omelette e formaggi a pasta fresca.

Quiche di cipolle

20 min. + 1 ora di riposo

30 min.

Ingredienti

350 g di pasta frolla salata (per la preparazione v. pag. 12), 500 g di cipolle, 70 g di formaggio parmigiano grattugiato, 3 uova, 1/4 di l di latte, olio extravergine d'oliva, sale, peperoncino rosso.

▶ Sbucciate e affettate sottilmente le cipolle, mettetele in un tegame con alcuni cucchiai d'olio e lasciatele stufare a fuoco molto moderato e con un coperchio, aggiungendo eventualmente poca acqua calda.

▶ Quando sono morbide e ben cotte, aggiustate di sale, insaporite con del peperoncino e lasciate raffreddare.

▶ Ungete con dell'olio una teglia, rivestitela con la pasta adeguatamente tirata, disponetevi sul fondo le cipolle e versatevi sopra le uova sbattute con il latte e il formaggio grattugiato.

▶ Salate, mettete in forno caldo (intorno ai 220 °C) e lasciate cuocere per circa mezzora, prima di servire.

SFORMATI & SOUFFLÉ

*Moltissime le verdure da utilizzare
all'interno di raffinati sformati
o soufflé dall'aspetto irresistibile.
Insieme alle verdure,
troverete altri sfiziosi abbinamenti,
come scampi e tartufi,
mais e ricotta, patate e germogli
di lenticchie, che soddisferanno
anche i palati più esigenti.*

Sforzatini con scampi e tartufo

40 min.

Ingredienti

700 g di code di scampi, 1 tartufo nero piccolo, 500 g di patate, 4 uova, 100 g di yogurt naturale, 1 spicchio d'aglio, noce moscata, besciamella (per la preparazione v. pag. 8), vino bianco secco, olio extravergine d'oliva, burro, sale, pepe.

▶ Preparate la besciamella e amalgamatela ai tuorli d'uovo, alle patate che avrete lessato, sbucciato e passato con lo schiacciapatate. Lasciate intiepidire, prima di unire alle chiare montate a neve, insaporite con sale, pepe e noce moscata.

▶ Distribuite il composto in stampini singoli unti con un po' di burro, che passerete in forno a 180 °C per 40 minuti.

▶ Nel frattempo rosolate gli scampi in olio con uno spicchio d'aglio, poi spruzzate con vino bianco e, non appena sarà evaporato, unite lo yogurt e il tartufo tagliato a lamelle, cuocendo a fuoco vivo. Servite gli scampi accompagnandoli con i piccoli sformati di patate.

Sformato con pollo

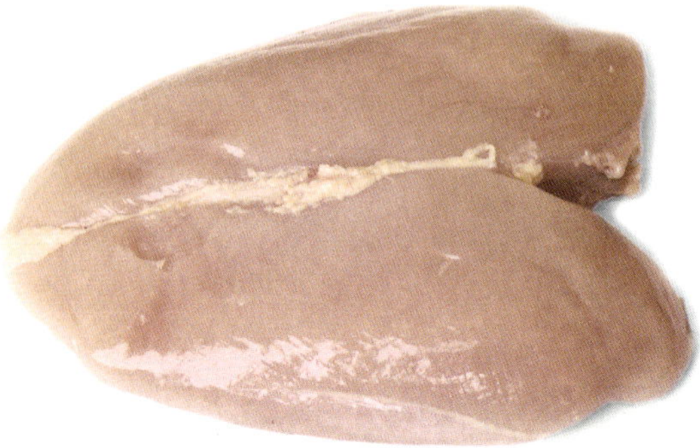

25 min.

30 min.

Ingredienti

400 g di petto di pollo,
2 uova,
20 g pangrattato,
100 g di parmigiano,
prezzemolo,
noce moscata,
20 g burro,
sale.

▶ Tritate finemente il pollo e mettetelo in una terrina con il parmigiano grattugiato, il pangrattato, il prezzemolo e la noce moscata. Unite in seguito i tuorli ben sbattuti e il sale.

▶ Amalgamate con cura gli ingredienti con un cucchiaio di legno, aggiungendo gli albumi montati a neve e mescolando il tutto con movimenti leggeri dal basso verso l'alto.

▶ Versate infine il composto in una pirofila leggermente unta d'olio e lasciate in forno a calore moderato per una mezzora. Quindi sfornate e servite ben caldo.

Noce moscata

Questa spezia, ricavata dal seme essiccato di un albero tropicale, è presente fin dai tempi più antichi nei ricettari della cucina italiana, come aroma tipico di piatti a base di carne o salse dal sapore pungente. Ancora oggi conserva la sua validità a livello gastronomico, anche se il suo impiego è decisamente più contenuto.

Sformato di asparagi e mozzarella

30 min.

30 min. circa

Ingredienti

1,5 kg di asparagi,
300 g di mozzarella,
12 fette di pancarré integrale,
2 uova,
peperoncino rosso in polvere,
1/2 bicchiere di latte,
burro,
olio extravergine d'oliva,
sale.

▶ Lavate e lessate gli asparagi in poca acqua salata, quindi scolateli. Oliate o imburrate una teglia rettangolare e allineate sul fondo metà delle fette di pancarré che avrete spalmato con poco burro. Adagiate su di esse metà della mozzarella affettata sottilmente e, sopra di essa, gli asparagi ben affiancati.

▶ Coprite con la rimanente mozzarella affettata e, a copertura di tutto, disponete le altre fette di pancarré spalmate di burro.

▶ Sbattete le uova con un pizzico di sale, aggiungetevi il latte incorporandolo con cura, insaporite con un pizzico di peperoncino, poi versate il composto sulla torta, distribuendolo bene.

▶ Fate gratinare in forno caldo a 200 °C, finché la superficie sarà dorata.

Sformato di avena

🍳🍳

30 min.

30 min. circa

Ingredienti

300 g di fiocchi d'avena,
50 g di ricotta,
3 uova,
1 limone,
cannella,
peperoncino rosso,
1/2 l di latte,
olio extravergine d'oliva,
sale.

▶ In una pentola miscelate il latte con un quarto di litro d'acqua e portateli a ebollizione. Versatevi quindi i fiocchi d'avena e mescolate in modo da ottenere un composto piuttosto denso.

▶ Lasciate quindi intiepidire lontano dal fuoco, poi aggiungete la ricotta sbriciolata, i tuorli d'uovo sbattuti, la scorza di limone grattugiata, un pizzico di sale, un pizzico di cannella, uno di peperoncino e un cucchiaio d'olio.

▶ Amalgamate con cura gli ingredienti con un cucchiaio di legno e completate con gli albumi montati a neve ben soda, mescolando il tutto con movimenti leggeri dal basso verso l'alto.

▶ Versate infine il composto in una pirofila leggermente unta d'olio e lasciate in forno a calore moderato per una mezzora, finché si sia formata una crosticina dorata. Sfornate, lasciate intiepidire e servite.

Sformato di broccoli

45 min.

1 ora circa

Ingredienti

900 g di broccoli,
2 uova,
1 tazza di besciamella leggera (per la preparazione v. pag. 8),
1 cucchiaio di pangrattato,
parmigiano grattugiato,
olio extravergine d'oliva,
sale.

▶ Pulite i broccoli separando le infiorescenze e togliendo le foglie che metterete da parte; lavate broccoli e foglie, lessando tutto in acqua bollente salata (prima tuffate le foglie tagliate a pezzi, quindi aggiungete le infiorescenze). A cottura completa scolate il tutto e tritatelo.

▶ Nel frattempo, preparate una besciamella leggera e non appena sarà pronta unitevi i broccoli tritati, i tuorli d'uovo e il parmigiano.

▶ Amalgamate gli ingredienti, quindi unite anche gli albumi montati a neve mescolando delicatamente dal basso verso l'alto. Versate il composto in uno stampo unto d'olio e cosparso di pangrattato, e ponetelo in una teglia contenente 4 cm d'acqua.

▶ Fate cuocere in forno, a bagnomaria, per un'ora circa a calore moderato.

Sformato di carciofi

40 min.

45 min.

Ingredienti

500 g di cuori di carciofo, 2 uova, 1 spicchio d'aglio, prezzemolo, peperoncino rosso in polvere, 1 tazza di besciamella leggera (per la preparazione v. pag. 8), vino bianco secco, 70 g di parmigiano grattugiato, olio extravergine d'oliva, sale.

▶ Tagliate i cuori di carciofo a spicchietti e metteteli in una padella con dell'olio e l'aglio, lasciando insaporire per qualche minuto.

▶ Irrorate con poco vino bianco e terminate la cottura a fuoco moderato e con coperchio, aggiungendo alla fine il trito di prezzemolo. Passate poi tutto al setaccio, aggiustate di sale, e insaporite con un pizzico di peperoncino.

▶ Nel frattempo preparate una besciamella leggera e amalgamatela al purè di carciofi; aggiungete anche il parmigiano grattugiato e i tuorli d'uovo, mescolando con cura. Montate gli albumi a neve, incorporateli al composto e versate il tutto in uno stampo rettangolare oliato.

▶ Fate cuocere a bagnomaria per circa 45 minuti e prima di servire lasciate intiepidire o, addirittura, servite freddo.

Sformato di cipolle

30 min.

Ingredienti

3 cipolle grosse,
4 patate,
latte,
peperoncino rosso in polvere,
parmigiano reggiano grattugiato,
olio extravergine d'oliva,
sale.

▶ Lessate le patate in acqua bollente salata, sbucciatele e passatele allo schiacciapatate. Quindi sbucciate e tagliate a sottili fettine le cipolle e fatele stufare lentamente con qualche cucchiaio d'olio, il sale e un pizzico di peperoncino, finché saranno ben morbide.

▶ Prelevatene allora dalla casseruola circa tre quarti, sgocciolatele, unitele al passato di patate, incorporandovi anche alcuni cucchiai di parmigiano grattugiato. Aggiustate di sale e, se necessario, aggiungete un cucchiaio di latte.

▶ Ponete il composto su un bel piatto da portata e versatevi sopra le rimanenti cipolle con il loro sughetto.

Cipolle

Ciò che comunemente chiamiamo "cipolla" è in realtà il bulbo di una pianta erbacea, di cui esistono molteplici varietà sul mercato. Cipolle ramate, cipolle bianche, cipollotti e cipolle rosse di Tropea sono solo alcune delle specie più conosciute e impiegate. Dotata di proprietà disinfettanti, sfruttate fin dall'antichità in particolare dalla tradizione contadina, la cipolla è un ortaggio ricco di vitamine A e C e di sali minerali, ma il suo sapore acuto – e la difficile digeribilità – la rendono poco gradita se consumata a crudo. Per ovviare a questo problema si consiglia di lasciarla in acqua e aceto per circa mezzora prima dell'utilizzo.

Sformato di fagiolini

30 min.

30 min.

Ingredienti

400 g di fagiolini,
2 uova,
zenzero,
semi di coriandolo,
pangrattato,
150 g di parmigiano grattugiato,
olio extravergine d'oliva,
sale.

▶ Procuratevi dei fagiolini senza "filo", lavateli e lessateli in acqua salata per poco più di 20 minuti. Scolateli e finite di cuocerli a fuoco vivace, dopo averli trasferiti in una casseruola cosparsa con dell'olio.

▶ Quindi toglieteli dal fuoco, aggiungetevi le uova, insaporite con sale, un poco di zenzero grattugiato e coriandolo polverizzato al momento; mescolate bene e unitevi anche il parmigiano grattugiato.

▶ Trasferite il composto in una teglia leggermente unta d'olio e cosparsa di pangrattato e infornate a circa 180 °C per mezzora.

Sformato di finocchi

50 min.

30 min.

Ingredienti

1 kg di finocchi,
500 g di pancarré,
200 g di formaggio fresco e morbido (caciotta o simili),
1 cipolla,
1 foglia d'alloro,
peperoncino rosso in polvere,
brodo vegetale,
olio extravergine d'oliva,
sale.

▶ Togliete ai finocchi le foglie troppo dure, lavateli e tagliateli a fettine. Quindi stufateli a fuoco lento con l'alloro, la cipolla affettata sottilmente e l'olio, aggiungendo poi un po' di sale.

▶ Insaporite con un pizzico di peperoncino, poco prima di togliere dal fuoco ed eliminate la foglia d'alloro.

▶ Friggete leggermente le fette di pancarré in un po' d'olio e passatele in forno caldo, quindi disponetene un primo strato in una pirofila unta, continuate con uno strato di finocchi, uno di formaggio affettato e così via, sino a esaurimento degli ingredienti.

▶ Versatevi sopra un poco di brodo vegetale e infornate per mezzora circa, a temperatura moderata. Servite infine ben caldo.

Sformato di funghi

⌚ 45 min.

40 min.

Ingredienti

500 g di funghi coltivati, 2 uova, 2 patate, 1 spicchio d'aglio, prezzemolo, peperoncino rosso in polvere, 1 tazza di besciamella leggera (per la preparazione v. pag. 8), 1/2 bicchiere di vino bianco secco, olio extravergine d'oliva, sale.

▶ Preparate la besciamella leggera; lessate le patate, sbucciatele e passatele allo schiacciapatate, raccogliendo il purè in una terrina.

▶ Pulite e lavate i funghi sotto acqua corrente, asciugateli e tritateli, quindi metteteli in una padella con dell'olio e l'aglio schiacciato e lasciateli cuocere per qualche minuto.

▶ Poi togliete l'aglio, salate, insaporite con il peperoncino, aggiungete il vino e proseguite la cottura per circa 5 minuti a fuoco vivo.

▶ Unite i funghi al purè di patate, al prezzemolo tritato, ai tuorli d'uovo, alla besciamella tiepida e infine amalgamate gli albumi montati a neve, mescolando con delicatezza dal basso verso l'alto. Versate il composto in uno stampo unto d'olio e passate al forno a media temperatura per circa 40 minuti.

Sformato di lattuga

25 min.

30-40 min.

Ingredienti

800 g di lattuga,
3 uova,
200 g di panna liquida,
noce moscata,
peperoncino rosso in polvere,
1 cucchiaio di farina,
pangrattato,
burro,
olio extravergine d'oliva,
sale.

Lavate la lattuga, asciugatela e tagliatela a listarelle sottili. Ponetela in un'insalatiera, cospargetela di sale e farina, insaporitela con noce moscata, peperoncino, quindi rimestatela.

A parte sbattete un po' le uova, poi diluitele con la panna, quindi mescolate delicatamente in modo da amalgamare bene gli ingredienti. A questo punto versate il composto nell'insalatiera insieme con la lattuga e rimestate con cura.

Ungete uno stampo rettangolare, stretto e lungo, spolveratelo di pangrattato, versatevi il composto di lattuga e livellatelo premendo delicatamente. Distribuite sulla superficie del pangrattato e qualche fiocchetto di burro.

Mettete infine in forno preriscaldato, fate cuocere per circa mezzora a una temperatura intorno a 200-220 °C e lasciate dentro al forno per altri 10 minuti dopo averlo spento.

Capovolgete lo sformato su un piatto da portata, dopo averlo fatto raffreddare.

(Foto della ricetta a pag. 86).

Sformato di mais ai broccoli

40 min.

30 min.

Ingredienti

250 g di polenta (per la preparazione v. pag. 14), 400 g di broccoli, pasta di olive, capperi, pangrattato, parmigiano reggiano grattugiato, olio extravergine d'oliva, sale.

Lavate i broccoli e fateli stufare in poco olio, un pizzico di sale e mezzo bicchiere d'acqua. Preparate la polenta e cuocetela non più di mezzora; toglietela dal fuoco e mescolatevi i broccoli stufati e tritati grossolanamente, olio e una spolverata di parmigiano.

Omogeneizzate bene e accomodate l'impasto, prima che si rapprenda, in una pirofila oliata e cosparsa di pangrattato. Livellate la superficie con l'aiuto di una spatola di legno, in modo che lo spessore non superi i 3 centimetri.

Infornate a 180 °C per mezzora, quindi lasciate intiepidire. Lo sformato va servito a fette cospargendo la superficie con pasta di olive e capperi tritati.

Sformato di mais ai carciofi

45 min.

30 min.

Ingredienti

250 g di polenta (per la preparazione v. pag. 14),
6 carciofi,
noce moscata,
2 uova,
pangrattato,
parmigiano reggiano grattugiato,
olio extravergine d'oliva,
sale.

▶ Pulite, lavate e lessate i carciofi in acqua leggermente salata e una volta cotti sminuzzateli.

▶ Preparate la polenta, facendola cuocere non più di mezzora; toglietela dal fuoco e mescolatevi le uova sbattute, i carciofi, la noce moscata e un po' di parmigiano.

▶ Omogeneizzate bene e accomodate l'impasto, prima che si rapprenda, in una pirofila oliata e cosparsa di pangrattato, in modo che lo spessore del composto non sia superiore a 3 centimetri.

▶ Livellate la superficie con l'aiuto di una spatola di legno e infornate a 180 °C per mezzora. Prima di servire lo sformato, tagliatelo a fette e cospargete la superficie con un giro d'olio.

Sformato di mais alle zucchine

45 min.

30 min.

Ingredienti

250 g di polenta (per la preparazione v. pag. 14), 400 g di zucchine, 2 spicchi d'aglio, 1 rametto di menta, 2 uova, pangrattato, parmigiano reggiano grattugiato, olio extravergine d'oliva, sale.

▶ Tagliate a rondelle le zucchine e fatele stufare con uno spicchio d'aglio tritato. A fine cottura aggiungete le foglie di menta spezzettate, un giro d'olio e poco sale.

▶ Preparate la polenta, facendola cuocere al massimo mezzora; toglietela dal fuoco e mescolatevi le uova sbattute, le zucchine stufate e una spolverata di parmigiano.

▶ Omogeneizzate bene e disponete l'impasto, prima che si rapprenda, in una pirofila oliata e cosparsa di pangrattato, in modo che lo spessore non superi i 3 centimetri.

▶ Cuocete in forno a 180 °C per mezzora. Prima di servire lo sformato, insaporitelo ungendo d'olio la superficie; tagliatelo quindi a fette e condite a piacere.

Sformato di mais con ricotta

50 min.

30 min.

Ingredienti

250 g di polenta (per la preparazione v. pag. 14), 200 g di ricotta, 1 rametto di maggiorana, 2 cucchiai di farina tostata, pangrattato, olio extravergine d'oliva, sale.

Preparate la polenta e fatela cuocere per mezzora; toglietela dal fuoco e mescolatevi la ricotta sbriciolata, la farina tostata, le foglie di maggiorana sminuzzate e poco sale.

Omogeneizzate bene e disponete l'impasto, prima che si raffreddi, in una pirofila unta d'olio e cosparsa di pangrattato. Livellate bene la superficie con una spatola di legno in modo che lo spessore non superi i 3 centimetri.

Cuocete infine in forno a 180 °C per mezzora. Prima di servire lo sformato, cospargetene la superficie con dell'olio, quindi tagliatelo a fette sottili e servitelo ben caldo.

Sformato di melanzane

40 min.

10 min.

Ingredienti

300 g di pomodori,
2 uova,
3-4 foglie di basilico,
4 melanzane,
2 spicchi d'aglio,
una decina di noci,
ricotta fresca,
parmigiano reggiano,
sale.

▶ Lavate i pomodori e immergeteli per pochi istanti in acqua bollente. Passateli quindi al passaverdure e versateli in un tegame, nel quale avrete precedentemente fatto rosolare alcuni spicchi d'aglio.

▶ Lasciate cuocere il sugo a lungo e a fuoco lento, facendolo addensare adeguatamente prima di aggiungere le foglie di basilico tagliate.

▶ Intanto, tagliate a fette non troppo sottili le melanzane e disponetele su un piano inclinato, dopo averle cosparse di sale grosso e pressate per facilitare la fuoriuscita del liquido amaro.

▶ Dopo un'ora circa, scolatele, saltatele in olio caldo e fatele poi asciugare dall'olio in eccesso, disponendole su carta assorbente. Tritatele e aggiungetele alla salsa di pomodoro già pronta, arricchita da noci sgusciate e pestate, e ricotta.

▶ Ottenuto il composto di melanzane e salsa di pomodoro aggiungete le uova sbattute; mescolate accuratamente e versate in uno stampo unto con un po' di burro. Mettete lo stampo nel forno preriscaldato e lasciate cuocere per 20 minuti circa a 180 °C.

Sformato di palombo

30 min.
45 min. circa

Ingredienti

600 g di palombo,
3 uova,
1 bicchiere di latte,
100 g di pangrattato,
burro,
sale, pepe.

▶ Pulite il pesce e ponetelo al fuoco in una pentola d'acqua fredda salata; una volta raggiunta l'ebollizione, lasciatelo cuocere per 15 minuti. Scolatelo, fatelo intiepidire e mondate il palombo da pelle e lische.

▶ Fate bollire il latte e poi mettetevi in ammollo il pangrattato, unite la polpa di pesce e mescolate con cura in modo da ottenere un composto omogeneo. Aggiungete prima i tuorli d'uovo e poi gli albumi montati a neve con un pizzico di sale, mescolando con delicatezza dal basso verso l'alto, in modo da non smontare il composto.

▶ Insaporite con sale e pepe e versate in uno stampo imburrato, facendo poi cuocere il tutto in forno caldo (200 °C) a bagnomaria.

▶ Servite su un piatto da portata caldo e accompagnate lo sformato con una salsa a vostra scelta.

Sformato di patate

35 min.

20 min.

Ingredienti

1 kg di patate, 1 bicchiere di latte, 2 cucchiai di burro, 1 uovo, 1 cipolla, 1 tazzina di panna acida, 2 cucchiai di farina, burro per lo stampo, sale, pepe.

▶ Dopo aver lessato le patate in acqua salata, sbucciatele, passatele allo schiacciapatate e conservatele al caldo.

▶ Sbucciate la cipolla, tritatela assai finemente e rosolatela in un tegamino con il burro; quando è leggermente appassita, unitevi la farina e mescolate il tutto.

▶ Ottenuta la pastella, diluitela con il latte, poi aggiungetevi l'uovo sbattuto con un pizzico di sale e unite questo composto alla purea di patate; mescolate accuratamente e versate in uno stampo unto con un po' di burro.

▶ Mettete lo stampo nel forno preriscaldato e lasciate cuocere lo sformato a 180 °C per 15 minuti circa, dopo di che versatevi sulla superficie la panna acida e lasciate proseguire la cottura ancora per 5 minuti.

Sformato di patate e germogli di soia

20 min.
15 min.

Ingredienti

500 g di patate,
una manciata
di germogli di soia,
60 g di parmigiano
reggiano,
prezzemolo,
basilico,
cerfoglio,
erba cipollina,
sale,
olio.

▶ Lessate le patate in acqua salata, tagliatele a fette sottili e disponetele in una pirofila precedentemente unta con un po' d'olio.

▶ Quindi mettete sopra le erbette tritate, il parmigiano a scagliette e i germogli di soia.

▶ Infine salate e passate in forno a calore medio per 15 minuti. Buoni risultati si ottengono anche utilizzando i germogli di orzo mondo.

Sformato di riso

Difficoltà: 2 (icone)
⏱ 45 min.
Cottura: 20 min.

Ingredienti

300 g di riso integrale,
300 g di punte di asparagi,
200 g di piselli,
2 carciofi,
1/2 cipolla,
1 uovo,
1/4 di l di panna liquida,
100 g di formaggio tenero (tipo caciotta),
50 g di parmigiano grattugiato,
olio extravergine d'oliva,
sale.

▶ Lavate il riso e trasferitelo in una pentola con una quantità d'acqua pari a circa il doppio del suo volume. Portate a ebollizione, salate, mettete un coperchio, abbassate la fiamma e proseguite la cottura a fuoco moderato.

▶ Nel frattempo passate a occuparvi delle verdure. Mondate i carciofi, privateli dei gambi, delle punte, delle foglie dure esterne e della "barba" interna, quindi lavateli. Pulite anche gli asparagi, eliminando la parte bianca legnosa.

▶ Poi affettate sottilmente i carciofi, tagliate a pezzi gli asparagi e fateli insaporire con i piselli in una casseruola con poco olio e la mezza cipolla affettata sottilmente.

▶ Dopo qualche minuto di cottura a fuoco vivace, abbassate la fiamma, mettete un coperchio e proseguite la cottura, mescolando di tanto in tanto per circa mezzora. A metà cottura unite la panna.

▶ Quando il riso sarà cotto incorporatevi il parmigiano grattugiato, il formaggio tagliato a dadini e l'uovo, mescolando con decisione.

▶ Prendete quindi una teglia unta d'olio; con il riso rivestite il fondo e le pareti, lasciandone da parte alcune cucchiaiate; al centro versate le verdure e quindi ricoprite con il riso conservato. Fate cuocere in forno caldo per 20 minuti.

Sformato di riso e peperoni

45 min.
30 min.

Ingredienti

300 g di riso,
500 g di peperoni,
300 g di pomodori maturi e sodi,
50 g di pinoli,
basilico,
100 g di parmigiano grattugiato,
olio extravergine d'oliva,
sale.

Portate l'acqua salata a ebollizione; versate il riso, cuocete per 20 minuti, quindi scolatelo e tenetelo da parte. Nel frattempo lavate i peperoni e asciugateli, quindi tagliateli a metà, liberateli dei semi e dei filamenti interni e poi tagliateli a fette piuttosto larghe.

Fate scaldare l'olio con i pinoli, poi mettete a cottura i peperoni e lasciateli rosolare per alcuni minuti. Unite i pomodori spellati, privati dei semi e grossolanamente tritati, salate e coprite lasciando cuocere a media fiamma. Quindi insaporite con basilico e spegnete.

Ungete d'olio una teglia e disponetevi i peperoni, copriteli poi con uno strato di riso arricchito di parmigiano e proseguite a strati alternati, terminando con uno di peperoni.

Coprite il tutto con parmigiano, aggiungete un filo d'olio e infornate a 220 °C per mezzora.

Sformato di sardine

45 min.
20 min.

Ingredienti

800 g di sardine,
1 kg di spinaci,
1 kg di erbette,
100 g di riso,
6 uova,
2 spicchi d'aglio,
pangrattato,
150 g di parmigiano grattugiato,
100 g di olive greche,
olio extravergine d'oliva,
sale, pepe in grani.

Innanzitutto diliscate le sardine, quindi disponete i filetti puliti su un canovaccio umido. Mondate e tritate gli spinaci e le erbette, mettete il tutto sul fuoco con gli spicchi d'aglio schiacciati e mezzo bicchiere d'acqua, quindi fateli lessare lasciandone evaporare il liquido.

Lessate anche il riso in acqua salata, scolatelo e incorporatelo alle uova sbattute, insieme a un pizzico di sale, a una macinata di pepe fresco e alle olive; mescolate bene unendo anche il misto di spinaci ed erbette e il parmigiano.

Ungete una tortiera e spolveratene il fondo con due cucchiai di pangrattato, quindi versatevi uno strato di composto alle verdure, ricoprite con uno strato di filetti di sardine e ultimate con le verdure.

Aiutandovi con un cucchiaio umido pareggiate la superficie dello sformato e conditela con un filo d'olio e una spolverata di formaggio grattugiato e pangrattato.

Cuocete in forno già caldo (180 °C) per una ventina di minuti; eventualmente negli ultimi istanti azionate il grill, in modo che la superficie risulti ben dorata. Servite tiepido.

Sformato di sedano

50 min.

1 ora

Ingredienti

800 g di sedano, 1 cipolla, 3 dl di besciamella (per la preparazione v. pag. 8), 3 uova, 1 tazza di brodo, 40 g di filetti di acciuga, 2 cucchiai di concentrato di pomodoro, 2 cucchiai di grana padano grattugiato, 4 cucchiai d'olio, noce moscata, burro, sale, pepe.

Tagliate il sedano a fettine e fatelo insaporire in una padella con la cipolla e un po' d'olio, unite il brodo e lasciate sobbollire finché il sedano sarà ben cotto.

Mettete nel frullatore con la besciamella, i tuorli d'uovo, una grattata di noce moscata, il grana padano e il concentrato di pomodoro. Regolate di sale, pepate e frullate, fino a ottenere un composto omogeneo.

Montate gli albumi a neve e amalgamateli alla preparazione; versate la crema in uno stampo da plum cake imburrato e cuocete a bagnomaria per 1 ora.

Frullate le acciughe e l'olio e una macinata di pepe, quindi adagiate lo sformato su un vassoio, e presentate con la salsa a parte.

Sformato di saraceno

30 min. + 2 ore di macerazione

30-40 min.

Ingredienti

200 g di grano saraceno,
acqua,
brodo vegetale,
1 cipolla,
1 peperone rosso,
2 uova,
pepe,
timo,
2 spicchi d'aglio,
100 g di parmigiano o pecorino,
olio,
sale.

Lavate, scolate e macinate grossolanamente il grano saraceno. Lasciatelo poi macerare per un paio d'ore in mezzo litro circa di acqua aromatizzata con erbe e brodo vegetale.

Affettate finemente la cipolla, pulite e tagliate a striscioline il peperone; fateli quindi saltare per qualche minuto in poco olio con i due spicchi d'aglio, in modo da ammorbidirli e dorarli leggermente.

Uniteli poi al grano saraceno che, nel frattempo, sarà aumentato di volume. Cuocete quindi per poco più di 20 minuti, a fiamma molto bassa, dopo di che aggiungete i tuorli d'uovo e insaporite con sale, pepe, timo.

A parte provvedete a montare a neve le chiare d'uovo e incorporatele poi delicatamente all'impasto prima di stenderlo in una teglia da forno precedentemente unta d'olio. Cospargete di formaggio parmigiano o pecorino grattugiato, e infornate in forno caldo (180-200 °C) per 30-40 minuti.

Sformato di spinaci

40 min.

40 min.

Ingredienti

1 kg di spinaci,
3 uova,
noce moscata,
pangrattato,
1/4 di l di panna liquida,
1,5 tazze di besciamella leggera (per la preparazione v. pag. 8),
olio extravergine d'oliva, sale.

▶ Lavate accuratamente gli spinaci, scolateli e trasferiteli in una casseruola con dell'olio e un pizzico di sale. Lasciateli stufare con coperchio a fuoco lento per 15 minuti.

▶ Passateli al passaverdura e poi unitevi la besciamella piuttosto soda, i tuorli d'uovo, la panna e un pizzico di noce moscata; aggiustate di sale e mescolate amalgamando bene il tutto.

▶ Infine aggiungete gli albumi montati a neve, mescolate con delicatezza dal basso verso l'alto e versate il composto in una teglia oliata e cosparsa di pangrattato.

▶ Fate cuocere a bagnomaria in forno a 180 °C per circa 40 minuti. Infine rovesciate su un piatto da portata e servite.

Sformato di zucca

30 min.

45 min.

Ingredienti

*1 kg di zucca,
3 uova,
noce moscata,
zenzero,
peperoncino rosso
in polvere,
pangrattato,
1/2 bicchiere
di panna liquida,
100 g di parmigiano
grattugiato,
burro,
sale.*

▶ Private la zucca della buccia e dei semi, tagliatela a pezzi e fatela cuocere al forno. Quando sarà cotta passatela al passaverdura, raccogliendo il purè in una terrina.

▶ Unite due uova intere e un tuorlo, il parmigiano, la panna, qualche cucchiaiata di pangrattato, sale, un pizzico di peperoncino, uno di noce moscata e un po' di zenzero grattugiato.

▶ Ungete con del burro una pirofila, spolveratela di pangrattato, versatevi il composto, distribuite qualche fiocchetto di burro e mettete a cuocere in forno a circa 160 °C per circa tre quarti d'ora.

Soufflé di fiocchi di mais

30 min.

30-40 min.

Ingredienti

150 g di fiocchi di mais,
sale,
400 g di ortiche,
1 cucchiaio di farina di grano saraceno,
noce moscata,
2 uova,
tamari,
50 g di parmigiano,
olio.

▶ Raccogliete le ortiche in un luogo lontano da fonti di inquinamento, lavatele e scottatele rapidamente (un paio di minuti) in pochissima acqua bollente. Scolatele e tagliatele sottilmente, stufandole poi a fuoco basso in poco olio, per un quarto d'ora circa; amalgamatevi poi la farina di grano saraceno sciolta in una tazza d'acqua tiepida. (In primavera potete raccogliere ortiche appena spuntate e passarle direttamente al tegame, senza prima sbollentarle, poiché sono particolarmente tenere).

▶ Mettete nel frattempo i fiocchi a bagno in acqua calda e, quando saranno raffreddati, aggiungeteci del sale, il formaggio parmigiano grattugiato e un tuorlo d'uovo. Quando le ortiche saranno cotte, aggiungetele ai fiocchi e condite con del tamari, mescolando.

▶ Montate gli albumi a neve e uniteli delicatamente agli altri ingredienti. Preparate uno stampo da forno unto d'olio, metteteci il composto che dovrà cuocere in forno a 200°C circa, per 30-40 minuti.

Soufflé di formaggio

45 min.

30 min.

Ingredienti

3 uova, 180 g di groviera grattugiato, 4 cucchiai di parmigiano grattugiato, pangrattato, burro, sale, besciamella (per la preparazione v. pag. 8).

▶ Preparate anzitutto la besciamella, toglietela dal fuoco e, quando è ancora calda, aggiungetevi il parmigiano e il groviera grattugiati, mescolando in continuazione in modo che i formaggi si sciolgano completamente.

▶ Quindi, unite il sale e i tuorli che avrete accuratamente sbattuto, e infine amalgamate le chiare montate a neve, mescolando delicatamente dal basso verso l'alto.

▶ Versate poi il composto in una pirofila precedentemente imburrata e cosparsa di pangrattato, infornate per una mezzora a calore medio facendo cuocere a bagnomaria, senza mai aprire il forno durante la cottura. Dopo aver tolto il soufflé dal forno, servitelo immediatamente.

Soufflé di spinaci

35 min.
20-30 min.

Ingredienti

1 kg di spinaci,
250 g di ricotta fresca,
besciamella (per la preparazione v. pag. 8),
3 uova,
noce moscata,
1 rametto di timo,
formaggio grana,
olio,
sale, pepe verde in grani.

▶ Pulite accuratamente gli spinaci e lessateli poi in pochissima acqua leggermente salata. Quando sono teneri scolateli, quindi strizzateli e, in una terrina, mescolateli alla ricotta.

▶ Quando l'impasto è freddo, unite anche i rossi d'uovo e un pizzico di noce moscata. Aggiungete il timo, qualche cucchiaio di formaggio grattugiato e aggiustate il sale e il pepe.

▶ Mescolate quindi gli spinaci alla besciamella, unendo da ultimo anche le chiare montate a neve.

▶ Disponete in una teglia unta d'olio e infornate in forno caldo per 20-30 minuti circa, lasciando riposare qualche istante nel forno spento prima di portare in tavola.

Soufflé di zucca

30 min.
35 min.

Ingredienti

500 g di zucca,
100 g di fiocchi di mais,
2 cucchiai d'olio,
1 cipolla,
2 uova,
2 cucchiai di prezzemolo tritato,
2 cucchiai di tamari,
sale,
noce moscata.

▶ Pulite la cipolla, tritatela e fatela saltare in una pentola con un poco d'olio. Aggiungete quindi la zucca tagliata a cubetti con la buccia, i fiocchi di mais e 1/2 litro d'acqua.

▶ Dopo aver mescolato bene, lasciate cuocere per un quarto d'ora circa a fiamma piuttosto moderata e tegame coperto.

▶ Quindi frullate il tutto, aggiungete il tamari, il prezzemolo, i rossi d'uovo, il sale e un pizzico di noce moscata.

▶ Unite infine anche gli albumi montati a neve e versate poi in una teglia teflonata, precedentemente unta d'olio, mettendo in forno a circa 200 °C per poco più di mezzora. A vostro gradimento, potete spolverare di formaggio grattugiato prima di infornare.

Indice delle ricette

Torte salate

Crostate & focacce

Sformati & soufflé